BOOK NOW

JN413429

중앙아시아 여행은
에어아스타나와 함께

중앙아시아 최고 항공사 에어아스타나가 천혜의 자연을 간직한 아름다운 카자흐스탄으로 여러분을 초대합니다. 최신의 현대적인 항공기와 편리한 스케줄, 합리적인 운임으로 카자흐스탄은 물론 다양한 중앙아시아의 매력을 경험해 보세요

인천-알마티(매일), 인천-아스타나(주 2회) 직항 운항

air astana

Be Wherever You Want To Be

Use Asiana's global network to travel the world freely, from Seoul to all your favorite destinations.

ASIANA AIRLINES
A STAR ALLIANCE MEMBER

Travel KAZAKHSTAN
트래블 카자흐스탄

트래블북스

코자 아흐메드 야사위 영묘

하늘에서 바라본 톈산산맥

초원에서 바라본 텐산산맥

아리스탄밥 영묘

테렌쿠르 산책로

카인디 호수

콕보루

빅알마티 호수 가는 길

젠코프 성당

카자흐스탄 옛 수도이자 상업의 중심지 알마티는 과거와 현재가 공존하면서 가장 빠르게 성장하고 있는 도시이다.

카스티예프 국립 현대 미술관

아시 고원

키질쿱 티라미수 계곡

토리쉬, 공의 계곡

쉐르칼라

카자흐스탄 서부의 카스피해 연안에 있는 망기스타우주에는
초현실적인 자연경관이 많아 카자흐스탄 서부 관광지로 거듭나고 있다.

보즈지라

NOMAD Ethnic Centre

추천사

누르갈리 아르스타노프
주한 카자흐스탄 대사

위대한 역사와 문화, 그리고 아름다운 자연을 간직한 나라 카자흐스탄을 소개하는 이 가이드북을 여러분께 전하게 되어 매우 기쁘게 생각합니다. 이 책의 저자 서병용 작가님께서 카자흐스탄의 독창적인 유산과 다채로운 풍경, 그리고 활기찬 도시들을 잘 담아내어 여행자들에게 매혹적인 목적지를 보여주신 것에 깊이 감사드립니다.

카자흐스탄은 대조와 조화의 땅입니다. 광활한 초원, 웅장한 산맥, 현대적인 도시, 그리고 전통 마을이 공존하며, 이는 우리나라의 풍부한 역사와 다문화적 사회를 반영하고 있습니다. 방문객들은 우리의 아름다운 자연 경관뿐만 아니라 따뜻하고 환대하는 국민의 마음을 직접 느낄 수 있을 것입니다.

또한, 카자흐스탄에는 유네스코 세계문화유산으로 지정된 독창적인 명소들이 있습니다. 투르케스탄에 있는 중앙아시아 건축의 걸작인 호자 아흐메드 야사위 영묘, 고대 암각화를 보여주는 탐갈리 고고학 경관의 암각화, 그리고 풍부한 생물 다양성과 자연미를 자랑하는 '사르아르카 – 카자흐스탄 북부의 초원과 호수들'이 그것입니다. 이러한 명소들은 카자흐스탄의 역사, 문화, 그리고 자연유산을 엿볼 수 있는 창입니다.

현대적인 항공 연결 덕분에 한국에서 카자흐스탄까지는 단 6시간이면 도착할 수 있습니다. 현재 서울과 부산에서 아스타나, 알마티, 쉼켄트를 잇는 직항편이 20편 운항하고 있어 한국 관광객들이 편리하게 방문할 수 있습니다. 2024년에는 총 40,180명의 한국인 관광객이 카자흐스탄을 방문했으며, 이는 전년 대비 12.8% 증가한 수치입니다. 또한, 양국 간 무비자 제도로 인해 한국 국민은 최대 30일 동안 비자 없이 카자흐스탄을 방문할 수 있어 여행과 교류가 더욱 활발해지고 있습니다.

지난 수십 년간 카자흐스탄은 역동적이고 미래지향적인 국가로 자리매김해 왔습니다. 우리는 평화, 안정, 사회적 통합을 유지하면서도 현대화를 수용하고 국제사회와의 교류를 확대해 왔습니다. 풍부한 문화적, 역사적 전통은 우리 정체성과 가치, 그리고 생활 방식을 이해하고자 하는 분들에게 매혹적인 여정을 제공합니다.

이 가이드북은 알마티와 아스타나의 활기찬 거리 탐방부터 실크로드의 고대 유적지, 국립공원, 그리고 현지 음식에 이르기까지 여행자들에게 유익한 정보와 실질적인 길잡이를 제공합니다. 독자 여러분이 카자흐스탄의 아름다움, 역사, 그리고 환대를 직접 체험할 수 있기를 바랍니다.

저는 이 가이드북이 여행자들에게 실질적인 도움을 줄 뿐만 아니라, 카자흐스탄의 국민, 문화, 역사에 대한 깊은 이해를 증진하게 시키는 계기가 되기를 진심으로 희망합니다. 여러분의 카자흐스탄 여행이 멋진 여정이자 잊지 못할 경험이 되기를 기원합니다.

Nurgali A. Arystanov
Ambassador of the Republic of Kazakhstan
to the Republic of Korea

FOREWORD BY HIS EXCELLENCY NURGALI A. ARYSTANOV

It is a great pleasure to introduce this guidebook to Kazakhstan, a country of remarkable history, culture, and natural beauty. I am deeply grateful to Mr. Seo Dyung Yong, the author, for presenting a glimpse of the unique heritage, diverse landscapes, and vibrant cities that make Kazakhstan a compelling destination for travelers.

Kazakhstan is a land of contrasts and harmony – vast steppes, majestic mountains, modern cities, and traditional villages coexist, reflecting the country's rich history and multicultural population. Visitors will discover not only the beauty of our natural landscapes but also the warmth and hospitality of our people.

The country is home to several unique sites recognized by UNESCO as World Heritage Sites. Among them are the Mausoleum of Khoja Ahmed Yasawi in Turkestan, a masterpiece of Central Asian architecture; the Petroglyphs within the Archaeological Landscape of Tamgaly, illustrating ancient rock art; and the Saryarka – Steppe and Lakes of Northern Kazakhstan, known for its rich biodiversity and natural beauty. These landmarks provide a window into Kazakhstan's history, culture, and natural heritage.

Thanks to modern air connections, travel from Korea to Kazakhstan takes only six hours. There are currently 20 direct flights connecting Seoul and Busan with Astana, Almaty, and Shymkent, making it easy and convenient for Korean tourists to visit. In 2024, a total of 40,180 Korean tourists visited Kazakhstan, marking a 12.8% increase from the previous year. Moreover, under the visa-free regime between our two countries, Korean citizens can visit Kazakhstan for up to 30 days without a visa, further facilitating travel and exchange.

Over the past decades, Kazakhstan has emerged as a dynamic and forward-looking nation. Our country has maintained peace, stability, and social cohesion while embracing modernization and global engagement. The rich cultural and historical traditions of Kazakhstan provide a fascinating journey for those who wish to understand our identity, values, and way of life.

This guidebook offers practical insights and useful information for travelers, from exploring the bustling streets of Almaty and Astana to discovering ancient Silk Road heritage sites, national parks, and local cuisine. I hope it will inspire readers to experience firsthand the beauty, history, and hospitality of Kazakhstan.

It is my sincere hope that this guidebook will not only assist travelers in navigating the country but also foster a deeper understanding of Kazakhstan's people, culture, and history. I wish you a wonderful journey and memorable experiences in our country.

작가 소개

서 병 용

한국외국어대학교 노어과 졸업
한화그룹 비서실 근무
배낭여행 전문 블루여행사, 세계로여행사 근무
前 동유럽 전문여행사 ㈜투어프랜즈 대표
前 오산대 겸임교수

배낭여행 1세대로 유럽을 비롯한
전 세계 60여 개국을 여행했으며
현재는 도서출판 <트래블북스> 대표로서
여행작가로 활동 중이다.

"여행은 늘 설렘으로 떠나고,
돌아와 익숙한 것에 길들여지며
또 다른 여행을 꿈꾸게 한다."

저서
<이지 러시아>, <이지 시베리아횡단열차>,
<이지 조지아>, <트래블 조지아>,
<조지아&아르메니아>, <중앙아시아 3국>

✉ dongeurope@naver.com
📷 인스타 : @seo_byungyong

책을 내면서

또 하나의 새로운 도전!

숱한 여행의 어느 지점에서도 중앙아시아를 떠올린 적이 없다. 종교적으로 유난히 이질적인 이곳의 문화는 여행지로서의 매력을 가늠해 볼 고민조차 내게 주지 않았기 때문이다. 하지만 조지아로의 직항이 없어 오랜 친구가 거주하는 카자흐스탄의 알마티를 경유지로 선택하면서 피할 수 없는 도전은 시작되었다. 인생에 우연이란 없다고 했던가. 낯설었던 이곳에는 긴 시간 나를 기다려온 숙제가 있었다. 알고 싶은 마음, 알리고 싶은 간절함을 담아 생애 첫 여행인 듯 까탈스럽고 세밀하게 숙제를 챙겼다. 카자흐스탄 여행을 위한 국내 최초의 길잡이로서, 그동안 정보가 부족해 이 지역으로의 발걸음을 망설였던 분들에게 우리의 앞선 시작이 작은 오아시스가 될 수 있기를 기대해 본다.

그리고 이 책이 나오기까지 물심양면 지원을 해주신 주한카자흐스탄 누르갈리 아르스타노프 대사님과 바우르잔 다우토브 서기관님에게 다시 한번 고마움을 전합니다. 또한 매번 어려운 여건 속에서도 늘 지켜봐 수고 응원해 준 수산나님에게 감사드립니다.

일러두기

정보 수집

이 책은 2023년부터 2025년 5월까지 현지 취재를 바탕으로 최신 정보를 소개하고 있습니다. 다만 최근 일련의 국제 정세에 따른 현지 사정으로 가격이 변동될 수 있음을 양해 바랍니다.

외국어 표기

장소마다 표기된 명칭은 최대한 현지어 발음을 기준으로 표기하였으나 지역 특성상 영어 또는 일반적으로 통용되는 명칭은 그에 따라 표기하였습니다. 일부는 검색 시 용이한 구글 지도를 바탕으로 하였습니다.

레스토랑 및 숙소 정보

예산 및 여행 스타일에 따라 선택의 폭이 다양하고, 인터넷을 통해 예약 및 정보 검색이 쉬운 관계로 일부 도시에서 추천할 만한 몇몇 곳만 소개하였습니다.

현지 투어

지역 특성상 현지 여행상품을 이용해야 하는 경우가 많아 보다 쉽게 정보를 얻을 수 있고 예약할 수 있는 곳들을 자세히 소개하였습니다.

지도 QR코드

각 지도에 맞는 QR코드를 삽입해 손쉽게 위치를 파악함은 물론 이동 간 거리를 확인할 수 있게 하였습니다. 여행 출발 전 구글 지도에 미리 관심 장소를 등록해 놓으면 더욱더 편리합니다.

Info Icon

음식점　쇼핑　호텔

 주소
 전화
 운영 시간
 휴무
 요금
홈페이지

Info Icon

공항　　버스　　기차역　　트램

시장　　식당　　쇼핑　　숙소

 　메트로　안내소　
명소　　메트로　안내소　선물가게

CONTENTS

KAZAKHSTAN

- 022 추천사
- 024 작가 소개
- 025 책을 내면서
- 026 일러두기
- 028 추천 일정
- 030 유네스코 문화 유산
- 032 음식
- 034 쇼핑 List
- 036 중앙아시아 비즈니스의 첫걸음
- 042 여행 정보 키워드
- 044 카자흐스탄 여행 시 유용한 애플리케이션
- 046 인터뷰 1 평범한 직장인 블로거 꿀떡

048 카자흐스탄

- 054 개요
- 056 역사
- 057 인터뷰 2 오픈헬스케어㈜ 김대영
- 058 인터뷰 3 세계여행중인 권서현
- 060 인터뷰 4 무등산국립공원 동부사무소 기형규
- 061 인터뷰 5 주카자흐스탄 대한민국 대사관 지해성

062 알마티
- 064 알마티 드나들기
- 073 알마티 볼거리
  - 근교
- 086 침블락
- 088 빅 알마티 호수
- 090 차른 캐넌
- 092 카인디 호수
- 094 콜사이 호수
- 095 블랙 캐넌

096 아스타나
- 098 아스타나 드나들기
- 101 아스타나 볼거리

106 쉼켄트
- 108 쉼켄트 드나들기
- 110 쉼켄트 볼거리

114 우슈토베
- 115 우슈토베 드나들기
- 116 우슈토베 볼거리

120 악타우
- 122 악타우 드나들기
- 124 악타우 볼거리

126 여행 준비
- 154 카자흐어 여행 회화

027

Best Route

🔍 추천 일정

카자흐스탄을 여행 목적지로 선택한 개별 자유 여행자라면 대부분 알마티를 중심으로 4~6일 정도의 여행 일정을 생각하게 될 것이다. 이는 아마도 인천에서 직항편이 알마티밖에 없어서였을 수도 있고 아직은 그 이외의 지역이 잘 알려지지 않은 이유일 것이다. 최근에는 수도인 아스타나를 비롯해 제3의 도시 쉼켄트까지도 직항편이 생겨서 다양한 여행 일정이 가능해졌다. 특히 인근 국가인 키르기스스탄은 알마티에서 육로로 손쉽게 다녀올 수 있을 뿐만 아니라 쉼켄트는 우즈베키스탄의 수도 타슈켄트와도 가깝다. 또한 항공, 철도, 장거리버스 등 도시 간 교통편이 잘 발달해 있어 이웃 국가를 포함한 여행 일정도 고려해 볼만하다. 단, 도시 외곽의 명소들은 대중교통편이 없어 렌터카를 이용하거나 현지 투어 회사의 프로그램을 이용해야 하는 데 이를 잘 활용하면 좀 더 알찬 여행을 할 수 있다. 또한 여행 목적(트레킹, 고려인 역사 탐방, 실크로드 등)에 따라 다양한 형태의 여행을 즐길 수 있는 곳이다.

알마티 5일

1일	인천-알마티
2일	알마티
3일	알마티
4일	알마티
5일	인천

카자흐스탄 8일

1일	인천-알마티-악타우
2일	악타우
3일	악타우
4일	악타우-알마티
5일	알마티
6일	알마티
7일	알마티
8일	인천

카자흐스탄+키르기스스탄 8일

1일	인천-알마티
2일	알마티
3일	알마티
4일	알마티-비슈케크 (육로 이동)
5일	비슈케크-송쿨호수 (현지 1박 2일 투어)
6일	송쿨호수-비슈케크
7일	비슈케크-알마티 (육로 이동)
8일	인천

카자흐스탄+우즈베키스탄 10일

일	일정	일	일정
1일	인천-알마티	6일	쉼켄트-타슈켄트
2일	알마티	7일	타슈켄트-사마르칸트
3일	알마티	8일	사마르칸트-타슈켄트
4일	알마티 야간열차	9일	타슈켄트
5일	쉼켄트	10일	인천

UNESCO WORLD HERITAGE

유네스코 문화 유산

카자흐스탄은 유라시아 대륙 중앙에 있는 나라로, 고대 유목 문화와 실크로드의 중심지였던 만큼 역사적, 문화적 가치를 지니고 있으며 자연과 깊은 관계를 반영하고 있다.

Silk Roads - the Routes Network of Chang'an-Tianshan Corridor
| 실크로드 : 창안-톈산 회랑 도로망

이 유산은 중국과 카자흐스탄 그리고 키르기스스탄을 통과하는 5,000km에 달하는 광대한 실크로드의 일부이다. 이는 당시 중국과 로마 제국 간의 장거리 무역을 가능케 하는 중요한 역할을 했다. 톈산 회랑은 6세기에서 14세기 사이에 가장 번성했 으며 16세기까지 주요 무역로로 사용되었다.

Mausoleum of Khoja Ahmed Yasawi
| 코자 아흐메드 야사위의 영묘

코자 아흐메드 야사위는 12세기 저명한 수피파 거장으로 카자흐스탄의 남부 투르키스탄에 지어진 그의 영묘이다. 티무르 시대인 1389년부터 티무르가 사망한 1405년까지 건설되었다. 하지만 티무르의 사망으로 공사가 중단되어 아직도 일부는 미완성된 건축물로 남아있다. 티무르 건축의 뛰어난 업적으로 이슬람 종교 건축 발전에 크게 이바지했다.

Petroglyphs within the Archaeological Landscape of Tamgaly
| 탐갈리 고고학적 경관의 암각화

탐갈리 협곡 주변 48개의 암각화 단지와 관련 정착지 및 매장지에 분포된 암각화들은 청동기 시대부터 20세기 초까지 중앙아시아 대초원에서 유목민의 삶과 신앙에 대한 실질적인 증거를 보여주고 있다.

Saryarka – Steppe and Lakes of Northern Kazakhstan
| 카자흐스탄 북부 사리아르카 초원 및 호수 지역

북부 카자흐스탄의 대초원과 호수는 나우르줌과 코르갈진 국립 자연보호구역 내에 있어 다양한 동식물을 보존하고 있으며 또한 이 습지는 중앙아시아 이동 경로의 주요 중간 기착지이자 교차로로 전 세계적으로 멸종 위기에 처한 종을 포함한 철새들에게 귀중한 피난처를 제공하고 있다.

Western Tien-Shan
| 톈산 산맥 서부 지역

톈산산맥 서쪽 끝, 카자흐스탄, 키르기스스탄, 우즈베키스탄이 공유하는 국경 지역에 자리 잡은 이 유산은 매우 풍부한 생물 다양성을 지닌 다채로운 경관을 자랑한다. 그뿐만 아니라 다양한 재배 과실 작물의 원산지로도 그 중요성을 지니고 있으며 독특한 식물군 집을 보유하고 있다.

Food

음식

카자흐스탄은 유목 국가이자 고대 동서 문화의 교차로였던 만큼 페르시아, 몽골, 인도, 아랍 문화와 유목민 전통문화가 어우러져 다양성을 보여주고 있다. 중앙아시아를 대표하는 음식으로는 고기 요리인 쿠르닥, 베쉬바르막, 샤슐릭과 밥 종류인 필라프 그리고 국수 요리 라그만과 탄두르에서 구워내는 빵 '난'이 있다. 이는 우리 입맛에도 잘 맞아 독특한 음식문화 체험은 카자흐스탄 여행의 또 다른 매력이라 할 수 있다.

01 Plov 플로프

Pilav, Pilaf, 쁠롭, 오쉬 등 다양한 이름으로 불리는 중앙아시아의 대표 음식으로 일종의 볶음밥(기름밥에 더 가까움)이다. 다른 요리와 달리 플로프만큼은 남자들이 요리하는 전통이 있다. .

02 Lagman 라그만

원래 위구르인들의 전통음식이지만 지금은 보는 중앙아시아에서 가장 즐겨 먹는 면 요리이다. 위구르식 볶음 라그만은 '보소 라그만' 이라 하며 우즈벡식은 국물이 있는 것으로 '슈르파 라그만'이라 한다.

03 Naan 난

중앙아시아의 모든 식탁에 오르는 빵으로 화덕(탄두르)에서 구워낸다. '리뾰쉬카'라고도 하며 우즈베키스탄에서는 논(Non)으로 부른다. 인도식 난과는 그 모양과 맛이 다르다.

04 Shashlik
샤슬릭

꼬치에 꽂아 구운 고기 요리로 원래는 주로 양고기를 사용했지만, 현재는 취향에 따라 또는 지역 및 종교적 관습에 따라 쇠고기, 닭고기, 돼지고기를 사용한다. 숯불에 구워져 고기 본연의 맛을 느낄 수 있으며 곁들여 나오는 양파와의 조합이 환상적이다.

05 Samsa
삼사

중앙아시아 모든 지역에서 맛볼 수 있는 간식으로 양파와 고기 또는 감자로 속을 채워 구워낸 음식이다. 삼각형 모양이 특징이라 모양만 보고도 이 음식이 삼사인지 알 수 있다.

06 Qazi
카지

유목민족 국가의 전통 음식으로 말고기 순대이다. 말의 갈빗살을 사용하며 차게 해서 먹기 때문에 전채 요리로 사용된다.

07 Kuurdak
쿠르닥

카자흐스탄과 키르기스스딘에서 즐겨 먹는 전통음식으로 양고기, 말고기 등을 감자와 각종 야채를 볶아 놓은 음식이다. 카자흐스탄에서는 양의 내장을 첨가하여 만드는 게 특징이다.

08 Manti
만티

거의 모든 국가에는 고유의 만두가 있는데, 만티는 중앙아시아의 만두 요리이다. 모양도 다르고 어떤 것으로 속을 채워 넣느냐에 따라 맛도 다르다. 메인 요리보다는 간식이나 후식으로 주로 먹는다.

09 Guksi
국시

중앙아시아에 고려인이 정착하면서 널리 퍼진 국수 요리. 우리의 잔치국수와 비슷해 보이지만 새콤하게 만든 고기 육수에 각종 고명을 올려놓은 냉국수로 색다른 맛을 느낄 수 있다.

10 Beshbarmak
베쉬바르막

다섯 손가락이라는 뜻을 가진 키르기스스탄과 카자흐스탄의 전통 음식. 납작한 면을 양고기 또는 말고기 삶은 물에 끓인 후 삶은 고기를 올려 양파 소스와 함께 먹는다. 도구가 없던 옛날, 손으로 먹는다고 해서 다섯 손가락이라는 이름이 붙여졌다고 한다.

Shopping

카자흐스탄 쇼핑 List

1.
Splat 치약

러시아 제품으로 알려진 Splat 치약은 화학물질보다 자연 성분을 더 많이 함유하고 있으며, 합성 색소, 트리클로산, 클로르헥시딘과 같은 건강에 해로운 물질을 첨가하지 않은 제품이다. 향과 효능에 따라 여러 종류가 있으며, 카자흐스탄의 대형 슈퍼마켓에서 쉽게 살 수 있다. 미백 기능이 뛰어난 BLACKWOOD와 항균, 항바이러스 효과가 있다는 SILVER가 대표적이다. 가격은 국내 해외직구 가격에 비해 매우 저렴해서 선물용으로 인기가 많다.

2.
견과류

카자흐스탄의 견과류는 단순한 간식의 의미를 넘어 풍요와 환대의 상징이다. 특히 톈산산맥 일대에서 생산되는 호두, 아몬드, 피스타치오는 실크로드 시대부터 귀하게 여겨졌으며, 오랜 여행길의 에너지원이자 교류의 상징이기도 하다.

3.
과일 잼

뜨거운 햇살 아래 자란 살구, 체리, 자두 등 제철 과일로 만든 카자흐스탄 잼은 진한 풍미와 달콤함으로 차와 함께 즐기거나 선물용으로도 인기가 많다.

4.
꿀

광활한 초원과 청정 산악 지대의 야생화에서 얻은 자연의 선물로 인공적인 손길을 최소화한 전통 양봉 방식으로 생산되어 꽃 향이 살아 있고 깊은 맛을 갖고 있다.

5.
보드카, 코냑

카자흐스탄의 보드카와 코냑은 세련된 전통 문양의 디자인과 전통적 제조법이 어우러져 특별한 선물용으로 좋다. 무엇보다 저렴한 가격 때문에 인기가 많다.

7.

치즈

소, 양, 염소젖으로 만들어진 전통적 치즈는 훈연하거나 자연 건조해 독특한 향을 지니고 있어 미식가에게 특별한 선물이 될 것이다.

6.

초콜릿

한국의 롯데제과가 인수한 Rakhat 社에서 생산되는 초콜릿 중 하나로 카자흐스탄 국기로 포장이 되어 있어 선물용으로 좋다. 공항 면세점에서도 판매되고 있지만 시내 슈퍼마켓보다 많이 비싸다.

8.

말 육포

유목 문화와 전통을 담은 의미 있는 기념품으로 고단백, 저지방의 건강한 간식인 말 육포는 술안주로도 인기가 많아 선물용으로 좋다.

9.

전통 수공예품

장인들의 손으로 제작된 자수, 카펫, 은세공품 등은 독특한 색감과 전통 문양의 제품으로 카자흐스탄의 예술을 담은 특별한 선물이 될 것이다.

슈퍼마켓

카자흐스탄의 선물용 기념품을 사기 위해 많이 찾는 곳은 대형 체인 슈퍼마켓인 galmart와 magnum이다.

Business

중앙아시아 비즈니스의 첫걸음

한국과 중앙아시아의 경제 관계는 상호 보완적으로 되어 있는 것처럼 중앙아시아의 국가간에도 산업 분야에 매우 서로 보완적 관계에 있는 것 같다. 하지만 불안정한 대외여건과 중앙아시아의 자국 제조업 장려 움직임 가운데 전통적인 방법만으로 그들의 목마름을 채워줄 수 없는 현실이 다가왔다.

한국과 중앙아시아는 반세기 가까이 단절된 관계로 이념적인 경계를 둔 사이였음에도 불구하고 경제적으로는 먼저 가까워져 수교 이후에도 교류를 지속해 왔다. 차츰 양국 교역과 투자가 늘어났고, 그 규모는 2000년대 들어 급속히 확대됐다. 하지만 세계 경제 위기와 불안정한 국제정세로 이제는 중앙아시아도 자원 장사 외에 고용 창출이 높은 제조 산업의 자생력을 키워야 하는 상황에 부딪혔다. 이전에는 없던 새로운 정책들을 발표했고, 투자 유치 활동을 전개하고 있다. 이에 우리도 중앙아시아 정부 정책의 움직임에 발맞추어 이전과는 다른 중장기 사업 전략을 준비해야 한다. 한국의 LG가 오래전부터 공장 가동과 창고 운영, 현대와 기아자동차, 삼성, 롯데제과 등 현지화 정책과 훌륭한 마케팅으로 중앙아시아 시장에 이미 잘 정착했다. 그리고 이제 중앙아시아는 자원을 포함하여 새로운 자국 제조업의 발전이 필요하고, 한국기업들이 여기에 기여하길 간절히 원하고 있다. 잠재력이 다분한 현지 시장에 눈을 돌려 주의 깊게 관찰하면 틈새가 있고 기회는 존재한다. 그렇다면 우리 기업들이 진출 가능한 관심 높은 분야로는 어떤 것들이 있을까? 업체, 사안, 시장별로 각각 차이는 보일 수 있겠으나, 자동차와 전자제품 등 잘하고 있는 분야와 정부 간 정책적인 협력이 필요한 자원 협력 분야를 제외한 사업 확대가 가능한 유망한 분야로 크게 은행 대부업 분야, 플랜트, 자동차 부품, 화장품과 식품, 의료기기, 모바일게임 등 대부분이 한국에서 유행했던 사업들이 추후 가장 성공적인 사업으로 될 가능성이 있다고 본다. 하지만 사업이란 이 지역 자체가 오랜 기간 러시아에 종속되어 왔고 공산주의에 70여 년 동안 지배되어 왔기에 사회문화와 산업 그리고 사람들의 성격이 우리와 차이가 많은 만큼 실무적으로 어떻게 이 지역에 접근할지 대략 살펴보자.

사업 결정의 팁

중앙아시아는 크지만 익숙하지 않은 시장이다. 이곳에 들어가 살아남으려면 먼저, 처음 출발선을 잘 끊어야 한다. 이론과 실제는 늘 다를 수도 있다는 사실을 놓치면 안 된다. 현재 내가 고려하고 있는 사업이나 관련 아이템 선정에서 아래 내용을 먼저 검토해 보자. 앞으로 확대 가능성이 있는지, 다른 누군가의 도움보다 혼자 진행하는 것이 더 나은지도 먼저 체크하자. 사업을 시작하고서 발생할 수 있는 어려움에 당황하지 않으려면 사전 점검이 가장 중요하다.

① 첫째, 중국과 경쟁이 될 수 있는 제품은 피하는 것이 좋다.

중앙아시아에도 중국으로부터 넘어온 공산품과 식료품, 그리고 인력까지 시장에 넘쳐나는 상태이다. 특히 중국과 국경을 인접해 있거나 왕래가 많은 카자흐스탄, 키르기스스탄 지역에서는 중국 제품들이 시장의 상당 부분을 차지하고 있다. 아무래도 가격 경쟁력이나 운송 측면에서 중국산 제품과 경쟁하여 살아남기란 쉽지 않다. 현지에서 인기가 좋아 너도나도 진출한 제품이라면 더욱 선택하지 않는 편이 좋다. 브랜드 인지도나 제품의 특화 및 차별화 차원에서 경쟁 우위에 있다면 모를까, 시장 내 판매 네트워크 형성에 경쟁이 치열해서 가격 인하와 열악한 지급 조건만 요구받게 될 것이다.

② 둘째, 역량 있는 딜러와의 관계가 핵심이다.

제품의 품질이 좋고 나쁨과 상관없이 중앙아시아 시장에서는 딜러가 어떤 식으로 마케팅하느냐가 관건이다. LG, 삼성, 현대처럼 잘 알려진 글로벌 대기업을 제외하고는 광고하더라도 현지 소비자들이 특정 제품을 인식하는 데 꽤 많은 시간이 소요되는 편이다. 따라서 소매 상품이라면 더욱 제품에 대하여 잘 알고 사업을 수행할 수 있는 현지 딜러의 역할이 매우 중요해지는 것이다. 딜러 대상으로 제품에 대한 사전 스터디와 교육을 진행하고 사업 영역을 확장했을 경우 파격적인 인센티브로 대우해 준다면, 다른 어떠한 광고 효과보다도 더 좋은 성과를 가져다줄 수 있다.

③ 셋째, 홍보에 많은 투자가 필요한 아이템은 가급적 선택하지 말자.

땅이 넓고 지역별로 사정도 제각각인 중앙아시아에서는 소비자가 TV, 인터넷 등 대중매체를 통해 상품을 인지하는 정도가 매우 느리며, 알더라도 직접 사용해 보고 제품에 대한 믿음을 가지기까지는 더 오랜 시간이 필요하다. 현지인들에게 상품을 인식시키기 위해 지속해서 광고를 노출하는 등 홍보에 아낌없이 비용을 투입하다 보면 그 액수는 눈덩이처럼 커진다. 중앙아시아에서 짧은 시간 안에 의미 있는 광고 효과를 기대한다면 실망으로 이어지는 것이 대부분이라 투자 대비 성과가 없어 바로 발을 빼게 될지도 모른다. 이 큰 땅에서는 넓은 영토만큼이나 긴 호흡을 가지고 천천히 가야 한다.

④ 넷째, 향후 현지화할 수 있는 제품 진출이 바람직하다.

사업 리스크를 줄이기 위해 단순히 수출입에 의존하여 물건을 사고파는 사업을 한다면, 아무리 큰 성과를 거두었다 하더라도 그러한 상황이 장기간 유지되기는 어렵다. 이내 다른 경쟁 업체가 나타나 그 자리를 빼앗고 마진율은 점점 떨어져 결국 리스크를 떠안아야 하는 상황에 부딪히게 되는 것이 다반사이다. 중앙아시아는 초기 진출이 어려운 시장인 만큼, 단기적 이익을 보고 시작하기보다는 오래 살아남을 수 있도록 현지화에 초점을 맞추어가는 것이 좋다. 제품의 생산과 유통이 현지화 기반으로 이루어지면 수익성이나 브랜드 인지도 차원에서 장기적으로 훨씬 효과적이다. 시간이 갈수록 토착 브랜드로서의 믿음이 소비자에게 깊이 뿌리내릴 수 있게 된다. 그러한 사업의 마케팅은 시작부터 준비 과정이 다르고, 결과적으로는 사업 리스크를 더욱 줄일 방안을 마련하는 것이다. 현재 성공적

Business

Business

인 현지화가 이루어진 우리 아이템은 대표적으로 자동차를 비롯하여, 라면 및 제과 등 식품들의 분야이다. 단지, 이러한 온전한 현지화 정착을 위해서는 무엇보다 사업 결정권을 가진 국내 경영진이 시장에 대한 이해와 진출 필요성을 가지고 사업에 임하는 것이 핵심이며, 지역 전문가를 투입해 보다 현실성 있게 장기적인 전략을 적극 추진하는 것도 중요하다.

⑤ ── 다섯째, 현지 허가가 까다로운 아이템은 긴 시간을 두고 준비하자.

기본적으로 중앙아시아로 제품을 수출하려면 인증이 필요하다. 그중에서도 현지 제품등록이나 적합성 신고를 의무적으로 득해야 하는 제품들이 있다. 특히 인체의 화학적인 반응에 직·간접적으로 영향을 줄 수 있는 의약품이나 의료기기, 화장품, 화학 제품, 위생 관련 제품 등의 경우 조금 더 복잡한 인증과 등록 절차가 요구된다. 품목에 따라서 짧게는 수 주에서 길게는 몇 년이 걸릴 수 있으므로, 절차를 미리 파악하고 진행 여부를 결정하는 것이 좋다. 현지 등록과 인증을 추진하기로 했다면, 초기에 현지 대리인을 세우기보다는 직접 현지 법인을 세워 해당 법인을 인증 수혜자로 지정하여 진행하는 편이 장기적으로 봤을 때 더 바람직하다. 인증에서 딜러나 대리인으로 이름을 등록하게 되면, 추후 딜러를 교체해야 하는 상황에서 등록 회사가 이를 거절해 큰 낭패를 보게 될 수도 있기 때문이다. 거기에 그치지 않고 소송으로 이어지거나 거액의 금액을 물어줘야 할지도 모른다. 이처럼 허가 취득 대상 제품에 대한 현지 등록에서도 신중한 접근과 오랜 인내는 선택이 아닌 필수 사항이다.

진출하고자 하는 아이템이나 사업이 상기 다섯 가지 조언과 잘 부합되는가? 그래도 단번에 쉽게 성과를 얻을 수 있는 비즈니스 분야는 거의 없다. 결국 계속되는 인내와 신중함이 필요한 시장이다. 그래도 조금이라도 수월하게 시장에 진입하려면 우선 중국 등의 경쟁으로 포화 상태에 있는 사업의 제품보다는 새로운 분야를 선점해야 한다. 유망 분야는 면밀한 사전 현지시장 조사를 통해서만 찾아낼 수 있다. 그렇게 진출 아이템을 잘 선정했다면 인증 절차를 밟고, 장기적으로는 현지화하는 방향으로 조금씩 걸음을 떼어 나가야 할 것이다. 거기에 현지에서 홍보 효과를 얻어줄 수 있는 영향력 있는 딜러 네트워킹까지 구축한다면 천군만마를 얻은 거나 다름없다. 중장기적인 계획을 세우고 꾸준하게 가야 중도 하차하는 일이 없을 것이다. 사업에 대한 결정은 단번에 할지 모르겠지만, 그 이후 정착 과정은 현지 시장을 얼마나 잘 아느냐에 따라 짧게는 몇 년이 될 수도, 길면 십수 년이 될 수도 있다는 사실을 잊지 말자.

왜 중앙아시아는 국가명에 '~스탄'을 사용할까?

중앙아시아(Central Asia)라는 지명은 독일의 지리학자 훔볼트(Humboldt, 1769~1859)로부터 비롯되었다. 중앙아시아 국가 이름에 붙여서 사용되는 '스탄(stan)'은 페르시아어(ستان -stan)에서 기원한 것으로 지방이니 나라를 뜻하는데, 영어의 state, province와 같은 의미라고 볼 수 있다. 현재 '스탄'이라는 단어를 사용하는 국가는 우즈베키스탄, 카자흐스탄, 키르기스스탄, 투르크메니스탄, 타지키스탄, 아프가니스탄, 파키스탄 7개국으로 모두 중앙아시아 지역에 위치한다는 것과 역사적으로는 페르시아 문화권이라는 공통점을 갖고 있다. 이들 7개국은 이슬람교를 믿으며 과거 역사를 같이했다는 공통점이 있지만, 현재 중앙아시아라고 하는 곳은 아프가니스탄과 파키스탄을 제외한 구소련에서 독립한 5개국을 지칭한다.

Since 1990
중앙아시아 여행 No.1

(주)세명투어

유목민의 자유,
카자흐스탄에서 만나는
새로운 여행의 시작

서울시 마포구 만리재로 14 한국사회복지회관 2206호
T. 02-732-2070   E. ussiago@russiago.com

Keyword

🔍 여행 정보 키워드

카자흐스탄

언어

자국어인 카자흐어를 사용하며, 러시아어도 잘 통용된다. 일반적으로 영어는 잘 통용되지 않는 편이다.

인터넷

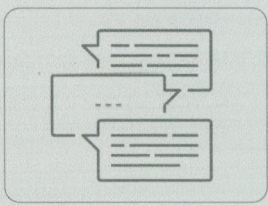

인터넷 환경은 좋은 편이다. 대부분의 식당, 카페에서는 무료 와이파이가 제공되며, 유심은 일반 여행 기준 7,000원 ~ 12,000원 정도면 충분하다.

환전

미국달러 또는 유로화를 준비하자. 은행과 사설 환전소가 많아 환전을 손쉽게 할 수 있다. 단, 길거리에서의 환전은 금물. 일반 신용카드 사용도 보편화되어 있지만 트래블 월렛 카드를 만들어 사용하면 더욱 편리히다.

택시

카자흐스탄의 도시 내에서는 반드시 'yandex go' 앱을 이용하자.
※ 길거리에서 운전기사와의 흥정은 금물

대중교통

버스, 트롤리버스 등 대중교통이 잘 되어 있다. 현금을 받지 않는 차량이 늘고 있어 교통카드를 구입하면 편리하다. 알마티 지하철은 1개 노선만이 운행하고 있어 이용 빈도가 낮은 편이다.

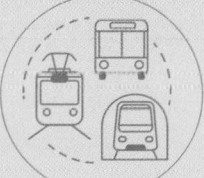

호텔

전반적으로 현지 물가에 비해 호텔비는 다소 높다고 느껴질 수 있다.
호텔, 호스텔, 게스트 하우스 등 선택의 폭이 넓은 편이며, 카자흐스탄이 다른 중앙아시아 국가에 비해 호텔비가 비싼편이다.

치안

일반적으로 치안은 매우 안전하다고 할 수 있다. 하지만 시장 등 관광객이 많이 모이는 곳에서는 소매치기의 우려가 있으니 긴장을 늦추지 말자.

인종차별

한국인에 대해서는 매우 우호적이라서 인종차별을 느낄만한 상황은 거의 없다고 할 수 있다.

물가

현지 장바구니 물가와 여행객이 체감하는 데는 어느정도 차이가 있을 수 있으나, 아직은 매우 저렴하다고 느낄 수 있다.
우즈베키스탄과 키르기스스탄은 비슷하며 카자흐스탄은 두 나라에 비해 조금 높은 편이다.

팁

일반적으로 음식값에 10% ~15%의 서비스 이용료가 같이 청구되므로 추가로 팁을 놓을 필요는 없다.
(추가적인 팁은 상황에 맞게 본인이 선택하면 된다.)

Application

🔍 카자흐스탄 여행 시 유용한 애플리케이션

얀덱스 택시 Yandex Go
카자흐스탄 여행 시 가장 많이 사용하게 되는 앱으로 이곳에서 바가지요금 없이 택시를 탈 수 있는 유일한 방법이다.

얀덱스 맵 Yandex Maps
현지인들이 주로 사용하는 지도 앱으로 버스 등 대중교통 정보를 제공하고 있어 매우 유용하다.

인스타그램 Instagram
최근 가장 많이 사용하는 SNS의 대표적인 앱으로 현지에서 친구를 사귀거나 정보를 공유할 때 유용하다. 또한 현지 투어 일정 확인 및 예약 시에도 필요하다.

부킹닷컴 Booking.com
전세계 호텔은 물론 호스텔과 게스트하우스 예약이 가능하며 실적이 쌓이면 다양한 추가 할인 혜택도 받을 수 있다.

맵스미 MAPS.ME
지도 앱으로 데이터 없이 GPS만으로도 사용할 수 있는 것이 특징이며 특히 산악 지대 트레킹 시 매우 유용하다.

번역기 Google 번역
현지인들과의 원활한 소통뿐만 아니라 카메라를 이용 메뉴 및 안내문 등의 내용을 쉽게 이해할 수 있다.

왓츠앱 WhatsApp Messenger
전세계에서 가장 많은 사람이 사용하고 있는 글로벌 모바일 메신저이다. 해외여행 시 호스텔 및 게스트하우스 그리고 투어 예약 시 담당자와 소통할 때 주로 사용된다.

환율계산기 환율 플러스
App Store에서 제공하는 환율 계산기로 전세계 통화를 무료로 변환하고 실시간 환율 정보를 제공한다.

트레킹 정보 https://www.asia-hikes.com/category/central-asia
다양한 트레킹 코스를 사진과 함께 자세히 설명해 주고 있으며, GPS파일도 제공하고 있다.

얀덱스 맵 Yandex Maps 사용법

요즘에는 여행 시 종이로 된 지도보다는 핸드폰에서 구글 지도를 사용하는 경우가 더 많다. 하지만 카자흐스탄 지역 여행 시에는 구글 지도 보다 얀덱스 지도가 훨씬 유용할 때가 많다. 현지인들도 대부분 이 지도를 이용한다. 얀덱스 지도의 최대 장점은 현지 대중교통 이용 시 버스 노선도를 볼 수 있다는 것이다. 이외에도 카페, 레스토랑 등의 평점과 후기가 현지인들 기반으로 작성되어 좀 더 객관적이라고 할 수 있다.

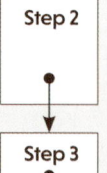

Step 1 모바일앱 다운 받기 (Yandex map으로 검색 후 Yandex Maps and Navigator 설치)

Step 2 앱을 실행하면 현재 위치가 표시되며 목적지를 설정하면 이동 수단에 따른 소요 시간이 표시된다. 현재 위치가 아니더라도 출발과 도착지점을 설정해도 볼 수 있어 출발 전 여행계획을 세울 때 유용하다.

Step 3 더욱 편리한 것은 카자흐스탄 여행 시 필수 앱인 얀덱스 택시와 연계되어 있어 택시 요금이 표시되며 택시를 부를 수도 있다.

Step 4 대중교통 이용 시 정류장 표시를 클릭하면 그곳에 정차하는 모든 버스 번호가 나오며 몇 분 후 도착이라는 시간까지 표시된다. 버스 번호를 클릭하면 노선도가 지도에 표시가 되어 쉽게 원하는 버스를 찾을 수 있다.

얀덱스 택시 앱 사용법

카자흐스탄은 비교적 택시비가 저렴한 편이라 공항에서 시내로 이동할때 뿐만 아니라 시내에서도 택시를 자주 이용하게 된다. 현지 심카드를 넣은 핸드폰만 있다면 어렵지 않게 이용할 수 있으며, 여행객에게 흔히 발생하는 바가지요금을 쓰지 않는 유일한 방법이다. 우리나라와 달리 이곳은 대부분 자가용을 이용해 택시 영업을 하고 있어 'TAXI'라고 쓰인 차는 별로 없으니 택시 호출 후 차가 도착했을 때 당황하지 않도록 하자.

Step 1 모바일앱 다운 받기 (Yandex Go로 검색)

Step 2 앱을 실행하면 현재 위치가 지도에 표시되며(이때 지도를 손으로 움직여 정확한 위치를 설정하는 게 좋다.) 아래 Where to?라고 쓰인 곳을 클릭 후 목적지의 주소를 정확히 입력 또는 지도를 움직여 목적지 주소에 갖다 놓는다.
(앱을 설치하고 첫 번째 Order 전 본인 핸드폰으로 인증 번호 메시지를 확인하고 인증 절차를 거쳐야 한다.)

Step 3 화면에 표시된 출발지와 목적지를 다시 한번 확인하자. 화면에는 예상 경로와 출발지에 몇 분 후 도착 예정인지 표시된다. 그다음 화면 아래 택시 종류(Economy, Comfort, Business, Minivan)와 요금을 확인하고 원하는 것을 선택한다. 결제 방식은 여행 중이라면 가급적 Cash를 선택하자.

Step 4 화면에는 지도에 현재 택시의 위치와 내 장소가 표시되며 아래에는 도착까지 남은 시간 그리고 운전기사의 사진과 함께 차량의 종류 및 색상, 번호가 표시된다.
(예: Toyota Prius, White   RR067WW)

> **tip** 도착까지의 시간이 1분으로 표시가 되면 거의 도착했다고 볼 수 있으니 차량 색상과 번호를 확인하고 손을 들어 표시하자. 만약 도착하였다는 메시지가 떴는데도 차가 보이지 않을 때는 주변에서 찾아야 한다. 그래서 복잡한 길거리의 경우 픽업 주소지를 가급적 주변의 호텔이나 레스토랑 등 큰 건물로 하고 그곳에서 기다리는 게 좋다.

Step 5 목적지에 도착하면 요금을 지불하고 하차한다. 현금 지불의 경우 고액권이면 잔돈이 준비되지 않은 경우가 많으니 탑승 전에 미리 소액권으로 준비해 두는 게 좋다. 도착하면 앱의 마지막 단계에서 운전기사를 평가하는 화면이 나오기 때문에 운전기사들은 대부분 친절하다.

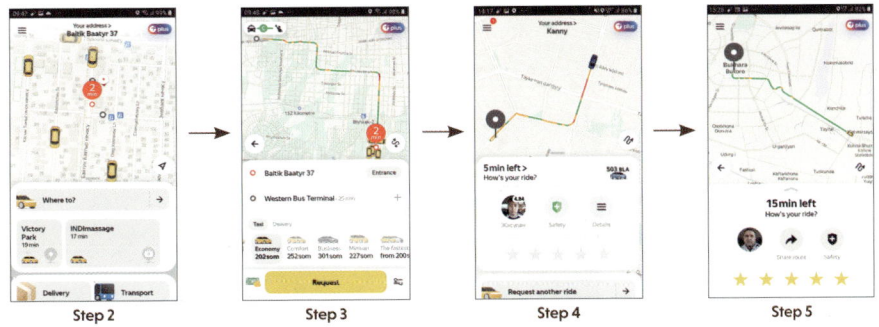

INTERVIEW 1

평범한 직장인 블로거
꿀떡

여행 시기	2023년 9월
전체 여행 기간	11박 12일

방문 국가 및 도시
- 카자흐스탄 : 알마티, 차른, 콜사이
- 키르기스스탄 : 비슈케크, 카라콜, 제티오구즈, 악수(알틴아라산), Pristan'-Przheval'sk, 알라아르차

이용 항공사
IN 아시아나 (알마티)
OUT 티웨이 (비슈케크)

여행 총 경비 (항공료 포함)
150만원

https://m.blog.naver.com/do_haso

여자 혼자 떠난 중앙아시아 여행

여행하는 걸 좋아해 떠돌아다니다가 중앙아시아까지 가게 되었다는 그녀는 카자흐스탄과 키르기스스탄이 정보도 없고 생소한 여행지지만 친절한 사람들, 그곳에서만 볼 수 있는 풍경들, 한국인도 거부감 없이 먹을 수 있는 맛있는 음식 등 매력이 넘치는 곳이라며 가성비 좋은 최고의 여행지라고 한다.

이번 여행의 목적지로 중앙아시아를 선택하게 된 특별한 이유가 있나요?

처음부터 중앙아시아를 목표로 여행을 계획한 건 아니었습니다. 추석쯤 여행을 가려고 알아봤는데 웬만한 여행지는 항공료가 많이 올라있었습니다. 여행경비를 많이 쓸 수 있는 상황이 아니라 항공료가 저렴하고 현지 물가도 낮은 나라 위주로 검색하다가 우연히 중앙아시아를 발견했습니다. 열흘 정도 여행을 즐길 수 있을 만큼 볼거리도 충분히 많고 치안이 좋아 관심 가던 차에 카자흐스탄과 키르기스스탄은 비행기 직항까지 있어 바로 여행지로 결정했습니다.

여행을 떠나기 전에 준비하시면서 가장 어려웠던 부분은 무엇이었나요?

역시 정보가 없는 점이 가장 어려웠어요. 보통 블로그나 유튜브에서 여행 후기를 검색하는 편인데 중앙아시아는 아무리 검색해도 나오는 정보가 한계가 있었고 제가 원하는 정보를 찾기 어려웠습니다. 해외 블로그와 러시아어 사이트를 번역해 가면서 준비했지만 결국 일정의 30%는 숙소조차 예약하지 못하고 떠나게 되었습니다. 항상 여행 일정을 미리 계획하는 저에게 이런 상황은 큰 스트레스였고 한국에 돌아와 이를 악물고(?) 블로그와 유튜브에 후기를 남기게 된 계기가 되었습니다.

이번 여행 중 가장 기억에 남는 게 있다면?

여행을 하다 보면 멋진 풍경, 맛있는 음식 모두 특별하지만 결국 가장 기억에 오래 남는 건 사람인 것 같습니다. 이번 여행에서도 좋은 분들을 많이 만났는데 가장 처음 만난 분

은 카자흐스탄 알마티에 도착하자마자 만난 택시 아저씨였습니다. 알마티 공항에서 호스텔까지 택시를 불러 이동했는데 외국인인 걸 보시더니 아저씨가 계속 대화하고 싶어 하셨어요. 제가 러시아어를 할 줄 몰라 번역 어플을 이용해 어설프게 대화를 이어갔습니다. 알고 보니 한국에서 일했던 적이 있으셔서 한국에 좋은 추억이 있는 분이셨어요. 한참 대화를 하던 중 갑자기 한국에 대한 보답과 카자흐스탄에 도착한 환영의 의미로 택시비를 안 받겠다고 하시는 거예요. 제가 너무 당황해 어떻게든 택시비를 드리려고 했지만 한사코 거절하셨습니다. 호스텔에 도착했을 때, 비가 오고 있어 뛰어가려 하자 호스텔 직원에게 직접 전화해 우산까지 챙겨주셨습니다. 이분 덕분에 여행 내내 따뜻한 마음으로 다닐 수 있었고 많은 사람의 대가 없는 호의가 있기에 제가 감사히 여행할 수 있다는 걸 다시 실감했습니다.

카자흐스탄과 키르기스스탄에서 내가 추천하고 싶은 곳
여행 후에 기억에 남는 장소를 물어보신 분들이 많았는데 제 대답은 항상 같았습니다. 카자흐스탄은 빅알마티호수, 키르기스스탄은 알라쿨호수에요. 카자흐스탄의 빅알마티호수는 큰 기대 없이 갔다가 가장 놀란 곳입니다. 사진에서는 평범했는데 직접 보니 믿기지 않을 정도로 멋졌어요. 호수가 처음 보는 하늘색으로 코팅해 놓은 것처럼 반짝거렸어요. 호수를 따라 걸으면서 조금만 풍경이 달라져도 처음 보는 것처럼 감탄했어요. 아마 10m마다 멈춰 서서 정신없이 사진 찍었던 것 같아요. 시간만 더 있었다면 안쪽까지 천천히 트레킹 하고 싶었는데 투어 시간이 정해져 있어 아쉬웠어요. 나중에 알아보니 폐쇄하는 날이 많아 가기 쉽지 않은 곳이더라고요. 제가 그곳에 갈 수 있었던 것, 날씨가 좋아서 멋진 풍경을 볼 수 있었던 것 모두 운이 좋았던

것 같아요.
키르기스스탄의 알라쿨호수는 호수도 멋있었지만, 호수까지 가는 트레킹 길이 정말 멋졌어요. 요즘 키르기스스탄이 중앙아시아의 스위스라고 불리는데 스위스와는 다른 이곳만의 매력을 알 수 있는 길이었어요. 산을 배경으로 강을 따라 넓게 펼쳐진 평야나 산 중턱에서 야생마들이 무리 지어 쉬는 모습이 기억에 남아요. 저는 말을 타고 올라갔지만, 너무 무서워서 다음에 간다면 여유 있게 걸어서 올라가고 싶어요.

여자 혼자 떠나는 여행지로서 중앙아시아(카자흐스탄 및 키르기스스탄)는?
여행 전 중앙아시아에 대한 정보가 많이 없어서 그만큼 치안에 대한 걱정이 컸습니다. 결론부터 말씀드리면 치안이 생각보다 좋았어요. 개인적으로는 유럽에서보다 덜 긴장했는데 소매치기, 강도를 걱정하지 않아서 그런 것 같아요.
의외였던 점은 저녁에도 비교적 안전하다는 거예요. 카자흐스탄 알마티에서 투어가 늦게 끝나 11시 가까운 시간에 도시에 도착했는데 버스정류장에 사람이 많았고 택시도 쉽게 잡을 수 있었습니다. 호스텔 직원이나 여행 가이드와 얘기해 보면 현지 사람들도 밤에 다니는 것에 익숙해 보였습니다. 앱으로 택시를 부르기 때문에 더 안전하다고 느꼈어요.
특히 제가 치안이 좋다고 느낀 부분은 캣콜링이 없었습니다. 가끔 말 거는 사람이 있었지만, 불편한 모습을 보이면 그 이상 다가오지 않았어요. 도움을 요청할 때는 친절하게 대답해 주고 그 외에는 외국인 혼자 걸어도 이목이 쏠리는 분위기가 아니어서 편하게 여행했습니다..

중앙아시아로 여행을 계획하고 있는 예비 여행자들에게 유용한 정보(나만의 Tip)가 있다면 소개해 주세요.
Yandex Maps 지도 앱을 설치하고 가시라고 말씀드리고 싶어요. 해외 여행할 때 대부분 구글 지도를 사용하지만, 이곳은 영어 문화권이 아니라서 구글 지도에 정보가 없는 경우가 많습니다. 대중교통 경로를 찾기 좋고 택시를 잡을 때도 Yandex 택시 앱과 바로 연동되어 편리합니다. 저는 로컬 맛집을 찾을 때도 유용하게 사용했어요.
한 가지 더 추가 드리면 키르기스스탄 비슈케크와 카라콜 사이를 이동할 때 GoBus가 정말 유용했어요. 보통 마르슈트카를 많이 이용하고 저도 카라콜에 갈 때는 마르슈트카를 타고 갔는데 자리가 좁고 매연이 계속 들어와서 6시간 내내 고생했어요. 비슈케크로 돌아갈 때는 GoBus를 알게 됐는데 시설이 아주 좋지는 않지만 마르슈트카에 비하면 공항리무진이 따로 없었습니다. 이동시간이 긴 만큼 조금이라도 편하게 가고 싶은 분들에게 추천해 드려요.

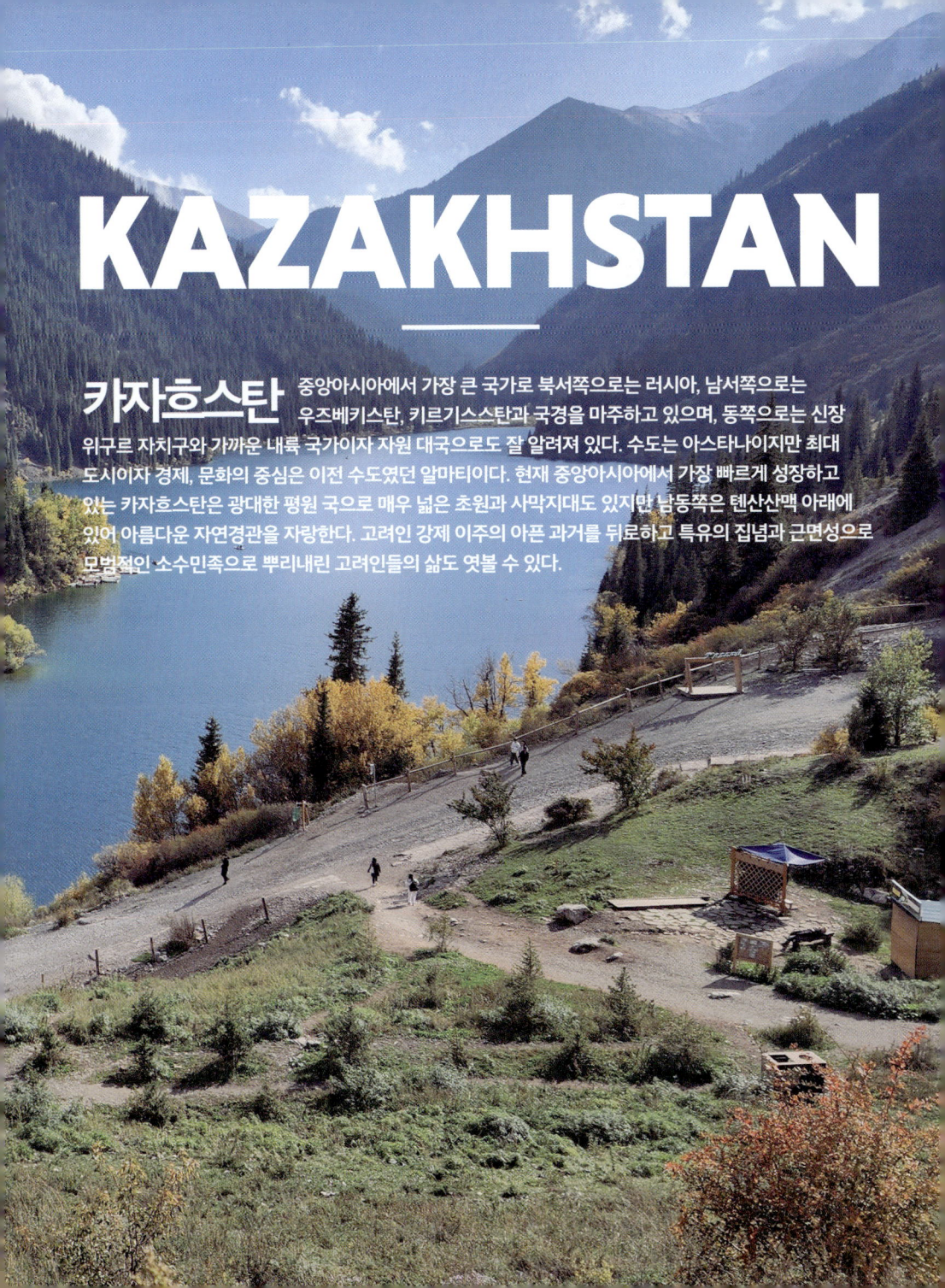

KAZAKHSTAN

카자흐스탄 중앙아시아에서 가장 큰 국가로 북서쪽으로는 러시아, 남서쪽으로는 우즈베키스탄, 키르기스스탄과 국경을 마주하고 있으며, 동쪽으로는 신장 위구르 자치구와 가까운 내륙 국가이자 자원 대국으로도 잘 알려져 있다. 수도는 아스타나이지만 최대 도시이자 경제, 문화의 중심은 이전 수도였던 알마티이다. 현재 중앙아시아에서 가장 빠르게 성장하고 있는 카자흐스탄은 광대한 평원 국으로 매우 넓은 초원과 사막지대도 있지만 남동쪽은 톈산산맥 아래에 있어 아름다운 자연경관을 자랑한다. 고려인 강제 이주의 아픈 과거를 뒤로하고 특유의 집념과 근면성으로 모범적인 소수민족으로 뿌리내린 고려인들의 삶도 엿볼 수 있다.

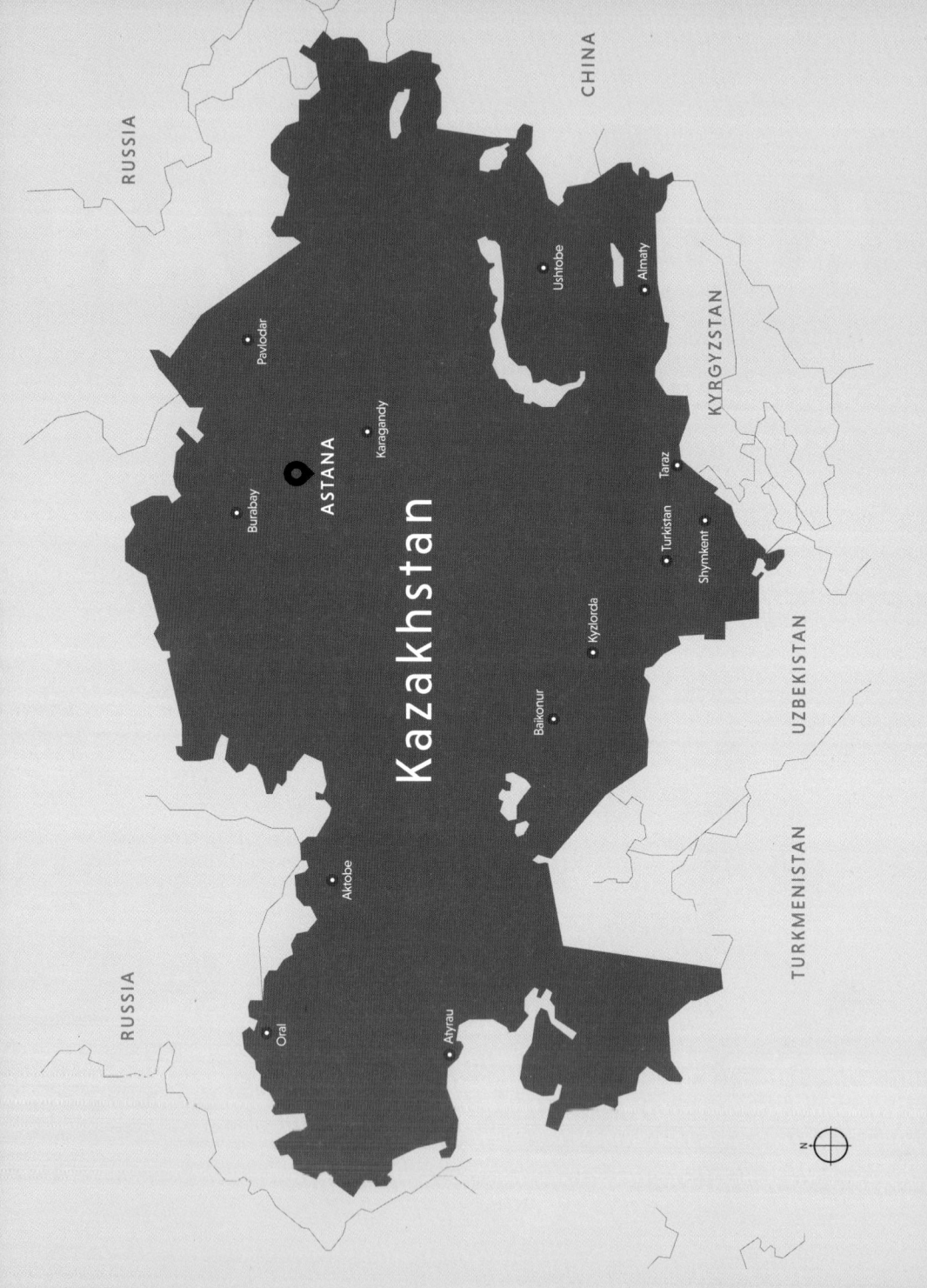

BEST
1

KAZAKHSTAN 카자흐스탄

Almaty

알마티

옛 수도이자 현재 카자흐스탄의 최대 도시로 상업의 중심지이다.
텐산산맥 아래에 있어 도시 어디에서도 만년설을 볼 수 있을 만큼 매력적인 도시이다.

BEST 2

Charyn Canyon

차른 캐년

중앙아시아의 그랜드 캐년으로 불리며 차른강의 침식과 풍화작용으로 만들어진 협곡으로, 붉은 퇴적암들로 형성된 기암괴석들을 볼 수 있는 곳이다.

BEST
3

Kaindy Lake

카인디 호수

가장 아름다운 산악 호수로 평가받고 있는 이 호수에는
물에 잠겨 있는 죽은 나무들이 솟아 있어 독특한 경관을 자랑한다.
특히 산악용 특수 차량을 타는 짜릿한 경험은 또 하나의 즐거움을 선사한다.

국명 카자흐스탄

REPUBLIC of KAZAKHSTAN

CAPITAL CITY
Astana
수도 아스타나

TIME 시차
4h

AREA 면적
2,724,900 km^2

VOLTAGE 전압
220V / 50Hz

LANGUAGES 언어
카자흐어 **80%**
러시아어(공용어) **84%**

RELIGIONS
종교

70% 이슬람교
26% 기독교
4% 기타

EXCHANGE RATES 환율
1텡게=약 2.70원
(2025년 8월 기준)

VISA
비자
30일 무비자

POPULATION
인구

약 2,000만명

0   1000 million   2000 million

카자흐스탄

SEASON TO TRAVEL
여행 적기

카자흐스탄은 거대한 영토를 갖고 있어 어디를 방문하느냐에 따라 여행의 적기가 달라질 수 있다. 일반적으로 봄부터 가을까지는 꽃이 만발한 초원이나 협곡 하이킹, 산악 호수의 풍경을 즐길 수 있지만 겨울에도 설원의 풍경을 즐기기에 좋은 곳들이 많다. 하지만 수도인 아스타나의 겨울은 길고 혹독한 추위 탓에 될 수 있는 대로 피하는 게 좋다.

CONTACT
전화 +7

주카자흐스탄 대한민국 대사관
Obaghan St 5, Astana

연락처 : +7-7172-572-100, +7-7172-572-200
사건사고
+7-705-757-9922
(카자흐스탄 내에서 전화하는 경우 +7대신 8번을 누름)
koreaemb-kz@mofa.go.kr

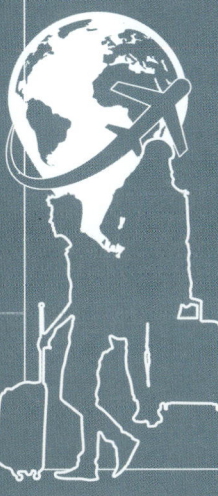

PUBLIC HOLIDAY
공휴일 (2024)

1월 1일, 2일	신년 연휴
1월 7일	정교회 크리스마스
3월 8일	세계 여성의 날
3월 21일, 22일, 23일	나우르즈
5월 1일	화합의 날
5월 7일	조국 수호자의 날
5월 9일	승리의 날
7월 6일	수도의 날
8월 30일	제헌절
10월 25일	공화국의 날
12월 16일	독립기념일

알마티 총영사관
Kaldayakov st. 66A, Almaty
연락처 : +7-727-291-0490
사고사고 : +7-777-705-6634
almakorea@mofa.go.kr

KAZAKHSTAN 카자흐스탄

MONETARY UNIT
통화 | 텡게 (단위 KZT)

500

2,000

10,000

1,000

5,000

20,000

5　10　20　50　100　200

HISTORY

🔍 카자흐스탄 역사

기원전 500년경 카자흐스탄 남부지역의 싸크족이 방대한 초원지대에 거주하며 스키타이문화의 일부를 형성했으며, 기원전 200년경에는 훈족(흉노족)이 그리고 6세기에는 현대 카자흐 민족의 언어와 문화의 기원이 되는 돌궐(투르크)제국의 일부가 되었다. 13세기 침략한 몽골은 카자흐스탄 전역을 차지하며 킵차크 한국을 세웠으며, 15세기에는 카자흐족에 의해 카자흐 한국이 세워졌다. 하지만 강력한 통일국가를 이루지 못했던 카자흐 한국은 준가르족의 잦은 침략에 시달렸다. 결국 18세기 초 제정러시아에 보호를 요청함으로써 러시아가 중앙아시아에 진출하는 계기가 되었다. 그 후 러시아의 카자흐스탄 식민지화 정책이 가속화되었고 1860년대에는 러시아가 카자흐스탄 전역을 합병하게 된다. 1917년 러시아 혁명 이후 소비에트연방 자치공화국의 일원이 되었으며, 1991년 소비에트연방이 해체되면서 카자흐스탄 공화국이라는 독립 국가가 탄생하였다. 독립 이후 여러 해 동안 극심한 경제난과 사회적 혼란에 휩싸이기도 했지만, 풍부한 천연자원을 바탕으로 발 빠른 대외 개방정책을 펼침으로써 고도 경제성장을 이루었다. 현재는 중앙아시아의 교통, 물류, 금융의 허브 역할을 담당하며 중앙아시아의 중심 국가로 거듭나고 있다.

카자흐스탄 국기

날아오르는 황금빛 대초원 독수리 위에 32개의 광선이 있는 황금빛 태양이 하늘색 배경을 중심으로 자리 잡고 있다. 좌측면의 금색 표시는 국가 장식 패턴 'koshkar-muiz(숫양의 뿔)'이다. 파란색은 투르크족에게 종교적으로 중요한 의미로 문화적, 민족적 통합을 상징하며, 물과 하늘을 상징한다고 한다. 생명과 에너지의 원천인 태양은 부와 풍요를 상징하며, 태양 광선은 풍요와 번영의 기초가 되는 곡식 모양이다. 태양 아래의 독수리는 수 세기 동안 카자흐 부족의 깃발에 등장했으며 자유, 권력, 미래를 향한 비상을 상징한다.

INTERVIEW 2

오픈헬스케어(주)
김대영

알마티에는 언제 어떻게 오시게 되었나요?
2017년 씨젠의료재단 소속으로 중앙아시아 의료사업진출 시장조사를 위해 처음 출장을 오게 되었습니다. 이후, 2018년부터 알마티 한국 의료 기업인 Medical Partners Korea (MPK 클리닉)와 협업을 하게 되어 장기 출장 및 주재를 하게 되었습니다.

오픈헬스케어(주)는 어떤 회사인지 간략하게 소개 부탁드립니다.
오픈헬스케어는 세계 최고 수준의 대한민국 의료 기술을 글로벌로 전파하기 위해 설립된 회사이며, 이를 통하여 세계 최고의 맞춤형 질병 검사와 예방 중심의 건강관리 의료시스템을 진출 국가 국민의 건강 증진과 의료 시스템의 선진화에 헌신함으로써 인류의 건강과 행복에 이바지함을 목적으로 하고 있습니다.

카자흐스탄에서 비즈니스를 위한 사업 환경의 장단점을 소개해 주세요.
카자흐스탄 비즈니스 환경을 간략히 말씀드리자면 기회의 땅이기도 하지만, 중앙아시아 및 구소련 문화의 이해가 없이는 사업 전개의 어려움을 겪게 될 것입니다.
의료사업 분야는 아직 민간이 제공하는 의료서비스가 한국에 비교하면 품질면에서 부족한 부분이 많기 때문에 기회가 많다고 볼 수 있습니다만, 구소련 시절부터 이어져 내려오는 규제와 제도가 한국과 다른 점이 많기 때문에 이러한 부분은 어려움이라고 말할 수 있을 것 같습니다.

이곳 알마티로 주재 또는 사업을 목적으로 오시는 분들이 미리 알고 오면 좋을 만한 내용이 있다면?
카자흐스탄에서 사업을 생각하시는 경우, 먼저 파트너와 협업을 할 것 인지 독자적 비즈니스를 할 것인지 신중하게 판단하셔야 합니다. 또한, 정부 관계자들의 자리 이동이 빈번하기 때문에 정부와의 협력 등은 상당히 어려움을 겪게 될 것이기 때문에, 독자 진출이 아닌 경우 가능하다면 민간 협력을 권장합니다.
카자흐스탄은 지리적으로 유럽 및 중동·서아시아 근접 국가 이기 때문에 소비재 등은 이미 유럽의 품질 좋은 제품들이 유입되어 있어서 신중한 접근이 필요합니다.
저도 2017년에 처음으로 카자흐스탄으로 출장을 와서 약 6년 정도를 경험하였지만, 가장 생활에 이질감이 없는 점은 카자흐스탄 현지인들이 외국인에 대한 친밀도가 높다는 점입니다. 거리에서 누구를 만나도 친구가 될 수 있고 즐겁게 지낼 수 있는 도시이며, 카작어로 인사말 정도만 아신다면 금상첨화일 것 같습니다

알마티가 여행지로서 갖고 있는 매력은 무엇인가요?
한국과 유사하게 사계절이 뚜렷하고, 톈산산맥으로 둘러싸여 있어 다양한 자연환경을 느낄 수 있습니다.

INTERVIEW 3

권서현

인스타그램 : @rnjstj
유튜브 : https://youtube.com/@floatingkr

안녕하세요. 저는 육군 간호장교로 6년을 복무하였고 전역 후 세계여행 중인 권서현이라고 합니다. 현재는 이집트, 튀르키예, 요르단, 프랑스, 영국, 독일과 카자흐스탄, 조지아, 아르메니아를 거쳐 미국을 여행 중입니다.

현재 세계여행 중이신 거로 아는데 카자흐스탄을 목적지로 선택한 이유는?
카자흐스탄은 세계여행 중 잠시 한국에 경유 후 다시 출국할 때 선정한 첫 번째 장소였습니다. 이전에 중앙아시아 국가들을 여행한 적도 없고, 아시아 대륙에서 면적이 4번째로 크다고 하니 다양한 지형의 모습을 볼 수 있을 것 같아서 선택하게 되었습니다. 또한 요즘 한국인들의 여행지로 급부상하고 있는데, 저에게도 흥미로운 미지의 세계였던 것 같습니다.

카자흐스탄 여행 중 가장 인상 깊었던 장소는 어디였나요?
악타우에서 갔던 보즈지라 라는 곳이 인상 깊었습니다.
악타우는 수도 알마티와는 멀리 떨어진 카자흐스탄 서부에 있는 도시입니다. 하얀빛의 대지에 솟아있는 석회암들이 아주 매력적이고 이색적인 풍경을 자아내는 곳입니다. 날씨가 맑을 때는 그 석회암들이 빛을 받으면서 감탄스러운 풍경을 보여주더라고요. 높은 절벽에 올라가서 한눈에 파노라마를 내려다보던 기억은 잊을 수 없는 순간들 중 하나입니다.
알마티에서 인상 깊었던 곳은 침블락입니다. 제가 갔던 계절은 여름이라서 녹음으로 덮인 산 사이를 케이블카로 올랐는데요, 올라갈 때 타는 3번의 케이블카 중 1번은 곤돌라로 바꿔 탈 수 있습니다. 곤돌라를 타니 사방이 개방되어 있어 산을 더 가까이 느낄 수 있었는데, 고요하고 거대한 자연 속에 둘러싸여 있으면서 굉장히 평온하고 형용할 수 없는 기분을 느꼈습니다.

현지 투어 예약 시 어려웠던 점은 없었나요?
네이버 블로그를 통해 정보를 수집했는데, 악타우는 한국인들에게도 생소한 여행지였다 보니 후기가 많이 없었어요. 그래서 구글이나 인스타그램에 영어로 검색했는데 관련 사이트나 대표적인 여행사 정보가 바로 검색되어서 아주 어려운 점은 없었습니다. 기차 예약 시에도 영어로 번역이 잘 되어있고, 정보를 입력하고 예약하는데 혼란스러운 부분이 없어서 수월하게 표를 구했습니다.

출발 전 어떤 경로를 통해 카자흐스탄 여행 정보를 얻으셨나요?
네이버 블로그입니다. 한국인들이 자세히 적어놓은 정보만큼 이해하기 쉬운 정보는 없는 것 같아요. 저도 블로그를 운영 중이라 카자흐스탄에 대한 포스팅을 여럿 남겨 놓았는데, 종종 댓글로 여행사 등의 정보를 물어보시는 분들이 있어 최대한 공유해 드리고 있습니다.

카자흐스탄 여행을 준비 중인 예비 여행자들을 위한 팁이 있다면 소개 부탁드립니다.
땅이 매우 넓고 다양한 모습을 볼 수 있는 매력적인 여행지입니다. 택시비가 매우 저렴하니 yandex go라는 앱을 다운받아 가셔서 현지의 택시로 다니시면 매우 편리한 여행이 될 거예요. 버스를 타고 싶으시다면 알마티는 현금 200텡게 (600원 정도)에 1회를 탑승할 수 있으며 yandex map을 사용하면 버스 노선 정보도 볼 수 있어 편리합니다. 제가 알마티에서 숙박했던 호스텔은 AQ mini Suites라는 캡슐 호텔인데 방이 1인실이라 조용하고 편하게 숙박하실 수 있답니다. 조식은 오믈렛이나 잉글리시 브랙퍼스트 등 여러 가지 메뉴 중 선택하면 요리해서 내어주시는데 상당히 맛있습니다. 기차 여행을 좋아하신다면 52시간 동안 기차를 타고 현지인들이 사는 마을을 보실 수

있으니 특별한 경험을 위해 제안 드립니다! 저는 2층 자리를 선택했지만 1층 침대라면 더 편안한 여행을 하실 수 있을 거예요.

카자흐스탄 여행 매력은 무엇이라고 생각하시나요?
물가가 상대적으로 저렴해 살기 좋은 알마티, 거대한 대자연의 모습(악타우), 여름에는 캠핑이나 트레킹을, 겨울에는 스키를 즐길 수 있는 다양한 액티비티가 있는 나라입니다. 또한 아직 여행자들의 발길이 많이 닿지 않은 편이라서 사람들이 순수하고 여행객들을 환대해 준다는 기분을 느낄 수 있었습니다. 저는 여행 중 알마티에서 악타우로 향하는 52시간짜리 기차에 탑승했는데요, 그 안에서 만난 승무원분이 계속 저의 안부를 물어봐 주시고 처음 탑승했을 때 이후로 승객 체크를 위해 제가 탄 열차 칸에 오실 때마다 저의 목적지를 계속 기억해서 챙겨주셔서 언어가 통하지 않았는데도 유대감을 느꼈습니다. 그리고 같은 칸에 있던 초등학생 또래의 아이가 있었는데 그의 형제들이 다 저희 칸에 와서 밥이나 간식을 먹으며 보낸 시간 덕분에 장거리 여행이었지만 지루하지 않았던 것 같아요. 그리고 그 아이들의 어머니가 아이들이랑 잘 놀아주는 저에게 당신의 집에 와서 밥을 먹고 가라고 하셔서 기차에서 내린 후 함께 그 집에 가서 가벼운 식사도 하고 어머니께서는 저를 태우고 박물관이랑 호스텔에 데려다주셨던 따뜻한 추억이 있습니다.

이 글을 읽는 모든 분이 카자흐스탄 여행 중에 다정한 현지 사람들의 온기를 느끼는 순간들이 있으시길 바랍니다.

INTERVIEW 4

**무등산국립공원
동부사무소
기형규**

- 이용 항공사 이스타항공
- 여행 기간
  2025년 6월 23일 ~ 27일 (4박 5일)
- 방문 지역
  알마티, 차른 협곡, 카인디 호수, 콜사이 호수
- 총 경비 약 110만원

카자흐스탄을 목적지로 선택한 특별한 이유는?

예전에 조지아, 아르메니아, 몰도바, 에스토니아 등 구소련 CIS 국가 여행하면서 중앙아시아도 한 번 여행을 가보고 싶은 생각이 들었는데 마침 얼마 전 알마티로 신규 취항한 이스타항공의 저렴한 가격을 보고 이번 여행의 목적지로 카자흐스탄을 선택하였습니다.

이번 카자흐스탄 여행 중 가장 인상 깊었던 장소는 어디였나요?

4박 5일 카자흐스탄 여행은 광활하고 큰 국가를 전부 둘러보기에는 무리였고 알마티 시내와 인근 여행지 방문으로 빙산의 일각만 보았지만, 천혜의 경관을 가진 카자흐스탄의 매력에 빠져서 한국에 돌아와서도 마음에 여운이 많이 남아 있습니다. 특히 카자흐스탄 호수들이 무척 아름다웠는데 그중 카인디 호수가 최고였습니다. 1911년 대지진으로 형성되어 만들어졌다는 호수의 물속에 수면으로 솟아오른 나무 기둥의 모습과 짙은 에메랄드빛 호수는 아직도 머릿속에 생생합니다.

현지 투어 예약 시 어려웠던 점은 없었나요?

워낙 카자흐스탄의 영토가 광활하여 4박 5일로 여행을 온 저는 알마티 시내 외곽은 할 수 없이 카자흐스탄 현지 투어를 통해야만 했습니다. 출발 전 인터넷으로 몇몇 카자흐스탄 현지 투어 사이트를 쉽게 찾을 수 있었고 그중 KK 투어에서 1일 투어를 신청하였습니다. KK 투어가 여행자 이용 후기 평점이 무난하여 선택하였고, 인스타그램에서 월별로 KK 투어가 운영하는 여행 프로그램과 일정이 공지되어 있어서 적합한 날짜에 예약하기 수월했습니다. 참고로 WhatsApp을 설치해서 여행사에서 가이드가 여행 당일 일정 혹은 만남 장소 변경 여부를 체크하셔야 합니다. 가이드가 러시아어와 영어만을 구사함으로 여행지 정보는 미리 인터넷에서 공부하고 가세요. 그리고 투어 중에 먹을 사탕, 초콜릿, 바나나 같은 간식을 준비하시는 게 좋습니다. 또한 날씨와 기온이 갑작스럽게 변할 수 있으니 얇은 겉옷, 비옷 및 미끄러지지 않는 신발 등을 준비하세요.

출발 전 어떤 경로를 통해 카자흐스탄 여행 정보를 얻으셨나요?

요즘은 각 여행사에서 취급하는 카자흐스탄 관광상품이 많아 여행 상품 일정을 참고하였고 인터넷 검색을 통해 추가적인 정보를 얻었습니다. 아직은 카자흐스탄 여행에 관한 구체적인 정보가 많지 않아 몇 번의 시행착오도 있었지만, 현지에서 우연히 방문한 로컬 맛집 식당, 예쁜 우표를 파는 우체국 등 새로운 걸 발견하며 보물을 찾는 듯한 재미가 쏠쏠하였습니다.

카자흐스탄 여행을 준비 중인 예비 여행자들을 위한 팁이 있다면 소개 부탁드립니다.

알마티 시내를 여행하면서 대부분 Yandex Go를 이용하여 택시를 불러 이동하면 편하지만, 알마티 시내 주요 관광지는 도보로 걷고 먼 거리는 onay 교통카드를 구입하여 버스를 타고 다니면 매우 편리합니다. 현재 알마티 시내는 차량 증가와 노후화된 도로 공사로 인해 매우 복잡해 보이지만, 녹음이 우거진 시내 곳곳의 공원에서 톈산산맥의 만년설을 보며 산책하거나 분위기 있는 카페에서 차 한잔하며 힐링하시기를 바랍니다.

카자흐스탄 여행 매력은 무엇이라고 생각하시나요?

카자흐스탄 여행 매력은 무엇보다 거대한 국토답게 광활한 스텝 지대, 웅장한 산맥, 신비로운 호수가 어우러진 나태로운 자연경관을 볼 수 있는 것이었고, 유구한 역사와 다양한 민족이 빚어낸 풍부한 유산을 지니고 있다는 것입니다.

INTERVIEW 5

주카자흐스탄
대한민국 대사관
지해성

카자흐스탄 이런게 궁금해요!

해외 안전 담당 영사는 어떤 업무를 하시나요?
카자흐스탄에 체류하시거나 여행하시는 우리 재외국민들의 안전을 책임지는 일을 담당하며, 주재국 경찰, 의료진 등 관계기관과의 면담을 통해 업무 체계를 구축하고, 사건·사고 발생 시 신속하게 영사 조력을 제공하고 있습니다.

카자흐스탄 여행 시 현지 안전 수칙에 대해 말씀 부탁드립니다.
카자흐스탄 전역의 치안은 전반적으로 양호합니다만, 범죄에 노출되지 않도록 아래와 같이 개인 신변 안전에 유의해 주시기를 바랍니다.
- 관광지, 기차역, 공항 등 다중 밀집 장소에서 소매치기 조심하기
- 여권, 신분증 등 개인 물품 관리에 유의하시고, 고가의 액세사리, 전자기기 등의 노출 자제
- 현지 화폐로 환전할 때는 공식 환전소를 이용하기
- 허가 없이 보안 시설인 공공 기관, 군사기지, 군사시설 등을 사진 촬영하지 않기
- 야간에는 관광객을 대상으로 한 범죄의 우려가 높으므로, 늦은 저녁 인적이 드문 후미진 곳 가지 않기

해외여행 시 택시 사기가 종종 발생한다는데, 카자흐스탄은 괜찮은가요?
카자흐스탄 대도시를 중심으로 외국인을 대상으로 한 택시 사기(과도한 요금을 요구하거나 목적지 도착 후 탑승 전 제시한 요금 대비 더 높은 금액을 요구하는 사례)가 지속해서 발생하고 있습니다. 택시 탑승 시 가급적 얀덱스(Yandex) 등 정식으로 등록되고 추적이 가능한 택시회사의 애플리케이션을 활용하여 주시기를 바랍니다.

여권, 지갑 등을 분실한 경우 어떻게 해야 하나요?
여권 분실 시 아스타나 소재 대사관이나 알마티 소재 총영사관을 직접 방문하여, 단수여권 또는 여행 증명서를 발급받아야 합니다. 소지품 분실, 도난 등 예상치 못한 사고를 당한 경우, 주재국 경찰서에 신고·접수를 하여야 하며, 일시적으로 궁핍한 상황에 부닥쳐 현금이 필요한 경우, 신속 해외송금 제도를 통해 미화 3,000불까지 재외공관에서 수령할 수 있습니다.

카자흐스탄은 야외에서 음주가 불법인가요?
식당, 레스토랑에서 정상적으로 운영하는 야외 테라스 등을 제외한 공공장소에서 음주를 하거나 주폭자의 경우 카자흐스탄 행정위반법 제 440조 등 주재국 법령에 따라 처벌받을 수 있으므로, 카자흐스탄 여행 시 반드시 참고하시기 바랍니다.

사건이 발생했는데, 현지어(카작어, 러시아어)를 몰라 의사소통이 불가능할 때는 어떻게 아나요?
외교부 영사콜센터(+82-2-3210-0404)를 통해 7개 국어(영어, 중국어, 일본어, 베트남어, 프랑스어, 러시아어, 스페인어) 통역 서비스 및 해외 사건·사고를 접수할 수 있으며, 별도 애플리케이션 설치 없이 카카오톡·라인·위챗을 통해 상담이 가능합니다. 채널에서 영사콜센터(카카오톡, 라인), KoreaMofa1(위챗)을 검색하시기를 바랍니다.

ALMATY
알마티

알마티는 구소련으로부터 독립한 1991년부터 1997년까지 아스타나로 수도를 옮기기 이전 카자흐스탄의 수도였으며 현재 카자흐스탄 최대 도시로 상업의 중심지이다. 텐산산맥 아래에 있어 도시 어디에서도 만년설을 볼 수 있는 이국적 풍경을 만날 수 있다. 녹음이 우거진 도심은 현대와 전통이 조화를 이루고 있다. 알마티의 명칭은 이전 알마아타(Alma-Ata)였으며, 이는 카자흐어로 Alma는 사과를 그리고 Ata는 할아버지라는 뜻이라고 한다. 그래서 알마티는 '사과의 도시'를 의미한다. 도시 곳곳에 사과 모양의 조형물을 자주 볼 수 있다.

Almaty IN & OUT
알마티 드나들기

카자흐스탄 최대 도시답게 항공 및 철도 그리고 장거리 버스 등 교통이 발달하여 있다. 특히 인접 국가인 키르기스스탄의 비슈케크는 카자흐스탄 국경과 가까워 장거리 버스로의 육로 이동이 빈번하며, 우즈베키스탄의 타슈켄트까지는 열차 이용도 가능하다.

01. 항공

현재 인천공항에서 알마티까지는 카자흐스탄 국영 항공사인 에어아스타나(KC)가 매일, 그리고 아시아나항공(OZ)이 주 5회 운항하고 있으며, 2025년 4월 7일부터 이스타항공(ZE)이 주 2회(월,금) 운항하고 있어 선택의 폭이 넓어졌다.

Almaty International Airport

알마티 국제 공항

중앙아시아의 관문 알마티 국제공항은 2024년 6월 신청사로 이전하면서 쾌적하고 현대적인 시설로 여행객들을 맞이하고 있다. 도심에서 북쪽으로 18km 떨어져 있으며 대부분 CIS 국가 및 아시아, 중동 지역 국가의 항공이 취항하고 있다. 신공항은 현재 국내선 공항으로 사용되고 있는 예전의 국제공항 청사와 이어져 있다. 입국장을 나오면 인포메이션 센터를 비롯해 환전소, 유심 판매소 및 공항 택시 예약 부스를 쉽게 찾을 수 있다.

공항에서 환전 및 유심 구입하기

환전 입국장을 나오면 환전소를 쉽게 찾을 수 있다. 환율은 시내 은행 또는 환전소보다 좋지는 않다. 하지만 소액이라면 이곳에서 환전해도 무방할 정도로 큰 차이는 없다. 시내로 이동 시 택시를 타거나 버스를 타기 위해서도 현지 화폐가 필요하다. 카자흐스탄 여행 중 카드 사용도 일정 부분 가능하니 이를 참고하여 환전하는 게 좋다.

유심 공항 내에 대표적인 통신사 Beeline과 Tele2 매장이 있다. 카자흐스탄의 경우 국내에서도 유심 판매 업체를 통해 조금 저렴하게 미리 살 수도 있는데 이 경우에는 데이터만 제공된다. 현지에서는 보통 10,000원 내외로 구매할 수 있으며 데이터, 전화, 문자 모두 가능하다.

알마티 공항에서 입국 및 환승

알마티 공항 신청사는 현대적인 시설로 재단장 후 입국 및 환승이 매우 편리해졌다. 여느 공항처럼 입국(Passport control) / 환승(Ineternational transfer) 안내 표지판을 따라가기만 하면 된다. 예전과 달리 입국심사대 카운터가 많아 오래 기다리지 않아도 된다. 특히 한국인의 경우 입국심사는 까다롭지 않게 통과할 수 있다. 출국 시에는 신청사 2층 해당 항공사에서 체크인 후 중앙에 있는 출국장 입구에서 탑승권(보딩패스) 바코드를 스캔 후 출국심사대로 이동하면 된다. 면세구역 내에는 레스토랑, 바 등이 잘 갖추어져 있으며 게이트 앞 대기 공간 주변에는 전기 충전 장치도 마련되어 있다. 흡연실도 2곳이 있으나 Priority Pass로 이용할 수 있는 비즈니스 라운지는 아직 없다. 환승객의 경우 환승 시 이전 탑승권도 보여 줘야 하니 잘 보관해 두자.

환승

면세구역

출국장 입구

공항에서 시내가기

1. 택시
입국장을 나와 정신없이 달려드는 택시 호객꾼들을 뒤로하고 먼저 환전 후 유심을 사자. 공항에서 시내까지 가는 가장 좋은 방법은 현지 유심을 구매, 데이터를 활성화한 후 'Yandex Go'라는 택시 애플리케이션을 이용하는 것이다(Yandex Go 사용법 45쪽 참조). 이 방법이야말로 안전하고 바가지요금에서 벗어날 수 있는 유일한 방법이다. 시내까지는 목적지 및 시간대에 따라 요금이 조금 차이 날 수 있지만 2,500~3,500텡게 정도 나온다.

2. 버스
짐이 아주 많거나 도착 시간이 늦은 저녁이 아니라면 시내 중심을 동서로 관통하는 92번 버스를 이용하면 매우 경제적이다. 원래는 공항 바로 앞에 정류장이 있었으나 지금은 공사 중이어서 버스 타는 곳까지는 조금 걸어가야 하지만 그리 멀지는 않다. 입국장 건물 밖으로 나와 시내 방향 쪽으로 조금 걷다 보면 정류장을 쉽게 찾을 수 있다. 구글 지도 검색 시 버스 정류장 이름은 Ogarev St.로 표시되어 있다. 요금은 200텡게로 운전사에게 지불하면 된다.

onay카드
충전 및 판매기

tip 알마티 시내 관광 시 대중교통을 자주 이용할 예정이라면 onay라고 하는 교통카드를 미리 사면 매우 경제적이다. 입국장 건물 밖으로 나와 왼쪽 국내선 청사쪽으로 가면 입구 옆 노란색 기계에서 구매 가능하다. 교통카드로 결제 시 반값인 100텡게이다.

02. 버스

인접 국가인 키르기스스탄의 비슈케크 그리고 우즈베키스탄의 타슈켄트뿐만 아니라 아스타나, 카라간다 등 국내 주요 도시에서 버스로 이동 가능하다. 특히 키르기스스탄의 비슈케크의 경우 항공보다는 버스 이동을 더 선호한다.

Bus Station Sayran

사이란 버스 터미널

카자흐스탄의 다른 도시나 외국에서 장거리 버스를 타고 알마티로 올 때 도착하는 곳은 시내 중심 서쪽에 있는 Bus Station Sayran이다. 인접 국가인 키르기스스탄의 비슈케크로 가기 위해서는 이곳에서 장거리 버스를 타야 한다. 티켓 구매 시에는 반드시 여권이 필요하다. 알마티 출발의 경우 사이란 버스 터미널 홈페이지 https://ma-sairan.kz에서도 가능하다. 알마티 출발 시간은 08:00, 10:00, 12:00, 14:00, 18:00이며 요금은 3,200텡게이다. 타슈켄트행은 매일 18:00 출발로 요금은 10,500텡게이다. 비슈케크행 탑승장은 1층 맨 우측에 있으며 2번 플랫폼에서 출발한다. 터미널 건물 내에는 편의시설이 거의 없으므로 도착하기 전에 미리 필요한 것들을 준비해 가는 게 좋다.

사이란 버스 터미널
매표소 및 탑승장 입구
비슈케크행 버스

03. 기차

알마티에는 두 개의 기차역이 있으며 시내에 있는 Almaty 2가 중앙역이라고 볼 수 있다. 수도인 아스타나를 비롯해 카라간다 등 국내로의 이동은 물론 러시아, 우즈베키스탄으로의 국제 열차를 타기 위해서는 이곳으로 가야 한다.

알마티2 기차역

기차표 구매는 매표소에서도 가능하지만, 카자흐스탄 철도청 홈페이지(https://bilet.railways.kz)에서도 가능하다. 영어로도 지원하고 있으며, 표 구매를 위해서는 먼저 회원가입 후 로그인을 해야 한다. 탑승객 입력 시 여권번호도 적게 되어 있으니 미리 준비해 두자. 단, 아쉽게도 현재는 연락처 기입란에 현지 번호를 넣지 않으면 다음 단계로 넘어가지 않는다. 현지 방문 업체 또는 호텔 연락처를 넣고 시도해 보자. 결제 단계까지 마치면 등록했던 이메일로 e-ticket을 보내 준다. e-tick

에는 승객 이름만 영어로 표시가 되고 나머지는 모두 카자흐어와 러시아어로 표시가 되어 있다. 적어도 출발·도착 날짜와 시간 그리고 객차 및 좌석 번호가 어디에 어떻게 쓰여 있는지는 숙지하도록 하자. 기차역 내에는 짐 보관소를 비롯해 환전소, 유심 카드 판매소 등 편의 시설이 잘 갖춰져 있다. 기차역을 나오면 바로 왼쪽에 버스 정류장이 있다. 12번 일반버스와 5번, 6번 트롤리버스는 시내 중심을 지나가기 때문에 이동하기에도 용이하다.

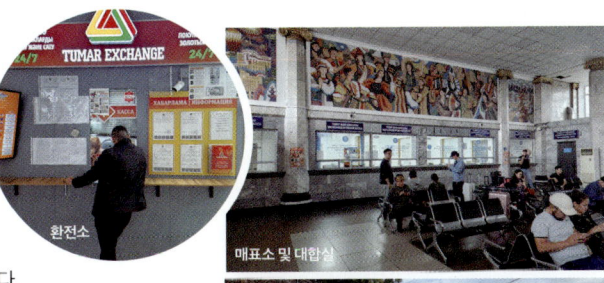

환전소

매표소 및 대합실

기차역 앞 버스 정류장

> **tip** 버스의 노선도를 보기 위해서는 'Yandex Maps and Navigator'라는 애플리케이션을 이용해 버스정류장 표시를 클릭 후 표시되는 버스 번호를 클릭하면 자세히 볼 수 있다(사용법 44쪽 참조).

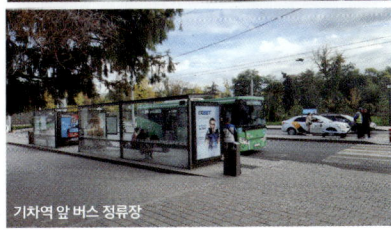

열차 e-ticket

ҚАЗАҚСТАН ТЕМІР ЖОЛЫ

Электрондық жол жүру құжаты
Электронный проездной документ
70642546702642

Тапсырыс нөмірі
Номер заказа
70642546702642

ЭЛЕКТРОНДЫҚ ЖОЛ ЖҮРУ ҚҰЖАТЫ
ЭЛЕКТРОННЫЙ ПРОЕЗДНОЙ ДОКУМЕНТ
КЗХ27

Жол жүретін жыл / Год совершения поездки	2024	01 SEO=BYUNGYONG=- / 02 33M43972711	
		Жолаушылар саны / Количество пассажиров	1

03	04	Шығуы / От	Жетуі / До	07	08	Қызмет көрсету класы / Класс обслуживания	
25.01.2024	16:37	05 АЛМАТЫ 2 2700001	06 НУР-СУЛТАН 1 2708000	26.01.2024	08:18	1Б	Ауаны баптағыш/Кондиционер Биотуалет/Биотуалет
Жөнелтілуі Отправление				Келуі Прибытие			

Пойыз Поезд	09 009ЦА	Вагон Вагон	10 13 (Люкс)	Орын Место	11 009

Билет түрі / Тип билета :	Толық / Полный
Вид расчета / Есептесу түрі	Қ/қ ақшасыз / Безналичный (W)
Төсек-орын жабдығы / Постельные принадлежности :	Бар / Есть
Тасымалдаушы / Перевозчик :	АО ПАССАЖИРСКИЕ ПЕР-КИ
БСН / БИН :	020540000922
ҚҚС куәлігі / Св-во НДС :	СВ.СЕРИЯ62001 N0015351

Ордер нөмірі / Номер ордера : 11052645
Бақылау чегі / Контрольный чек: 481107 ФП

Чектің реттік нөмірі / Порядковый номер чека:	10981745
Фискализация күні мен уақыты / Дата и время фискализации:	07.01.2024 17:46

ОФД АО ТрансТелеком
Чекті тексеру үшін: ofd1.kz/ticket_form сайтқа кіріңіз
Для проверки чека зайдите на сайт: ofd1.kz/ticket_form

Салық төлеуші / Налогоплательщик:	«Жолаушылар тасымалы» АҚ/ АО «Пассажирские перевозки»
БСН / БИН:	020540000922

01 영문명　02 여권번호　03 출발일 (일/월/년)　04 출발시간　05 출발도시명
06 도착도시명　07 도착일 (일/월/년)　08 도착시간　09 열차번호　10 호차번호
11 좌석번호

에어아스타나 MySTOPOVER

카자흐스탄의 국영항공사인 에어아스타나는 인천공항에서 알마티까지 주 6회 운항 중이며 우즈베키스탄의 타슈켄트 및 키르기스스탄의 비슈케크까지도 연결된다. 항공사에서 운영하는 MySTOPOVER는 경유지 알마티에서 연결편이 없어 1박을 해야 하거나 추가로 알마티 여행을 하고자 하는 여행객들에게 아래와 같은 혜택을 주는 프로그램이다.

1 3~4성급 호텔에서 1박 ($19)

2 뷔페 아침 식사

3 도착 및 출발 시 호텔↔공항 왕복 교통편 제공

4 Just eSIM 250MB 제공

★ 상기 프로그램은 이용하기 최소 96시간(4일) 전에 에어아스타나의 홈페이지를 통해 예약해야 하며 1박 이외에 추가 숙박을 원할 경우 $60을 지불하면 가능하다.

www.airastana.com

이용방법

1. 입국장을 나와 자신의 이름이 써있는 팻말을 들고 있는 운전기사를 찾는다.
2. 운전기사를 만나지 못했다면 에스컬레이터를 타고 2층으로 올라가 에어아스타나 사무실로 찾아간다.
3. 사무실 직원에게 예약 시 출력한 바우처를 보여 주고 기다리고 있으면 운전기사가 픽업하러 온다.
4. 예약한 호텔에 도착하면 운전기사와 출국 시 공항으로 가는 시간을 확인 후 (통상 항공기 출발 시간 기준 3시간 전이다) 호텔 체크인 데스크로 이동한다.
5. 보통 공항으로 이동하는 시간이 늦은 저녁이므로 호텔에서 휴식을 취하거나 알마티 시내 관광 후 호텔로 돌아와 짐을 찾아 공항으로 이동한다.

2층 에어아스타나

시내 교통

알마티의 볼거리들은 대부분 시내 중심지에 있다고는 하지만 모두 도보 여행으로 다니기에는 힘든 지역이다. 대중교통 비용이 저렴한 편이니 짧은 구간이라도 버스와 지하철을 적절히 이용하자.

🚌 버스

알마티의 대중교통으로는 일반버스와 트롤리버스가 있으며 시내 선역을 구석구석 연결해 주고 있다. 중앙아시아의 다른 국가에 비해 차량의 상태가 가장 양호한 편이다. 하지만 현지 언어를 모르는 여행객으로서는 노선도를 알 수 없는 버스를 이용하기란 쉽지 않다. 다른 중앙아시아 국가에서와 같이 Yandex Maps and Navigator라는 애플리케이션을 이용해 버스 타기를 시도해 보자. 버스 요금은 현금 200텡게이며 앞문으로 타면서 운전사에게 지급하는 형식이다. 알마티에 3일 이상 체류 예정이라면 onay 교통카드를 구매 후 사용할 것을 추천한다. 이 교통카드로 버스비를 지급할 때 요금은 현금의 반값인 100텡게이다. 매번 잔돈을 준비해야 할 필요도 없고 경제적이다.

카드단말기
트롤리버스
일반버스

onay 카드 구입 및 충전 사용법

onay카드 구입은 onay 마크가 표시되어 있는 무인 단말기 또는 매장에서 살 수 있다. 카드 구매 비용은 600텡게로 충전 없이 한차례 버스를 탈 수 있다. 이후에는 충전기에서 원하는 금액만큼 충전 후 사용하면 된다. 버스 탑승 후 앞, 뒤쪽에 있는 단말기에 터치하는 방식이다. 이 카드 충전기는 현지 핸드폰 요금 충전기와 동일하나 기계마다 보이는 방식이 조금 다르다. 길거리 또는 쇼핑몰 매장 내에 있어 쉽게 찾을 수 있다.

🚕 택시

알마티 여행 중 가장 많이 이용하게 될 교통수단이 택시일 것이다. 일행이 있다면 시내에서는 택시를 타는 게 여러모로 좋을 수 있다. 하지만 절대로 길거리에 서있는 택시의 운전기사와 협상하여 타는것 만큼은 피하자. 반드시 Yandex Go 애플리케이션을 통해 예약 후 탑승하자(애플리케이션 사용법 45쪽 참조). 우리나라와 달리 대부분의 차량에 택시라는 표시가 없는 일반 승용차이다.

🚇 지하철

알마티 지하철은 현재 1개의 노선만이 운영되기 때문에 이동 시 그렇게 많이 이용하게 되지는 않는다. 지하철은 알마티 중심을 동서로 가로지르는 Abay Ave를 지나고 있으니 경험 삼아 한 번 타보자. 특히 Baikonur 지하철역은 세계 최초 우주 발사 기지인 바이코누르 센터를 기념하기위해 붙여진 이름으로 우주선 발사 장면 영상을 보여주고 있다. 지하철 요금은 1회당 100텡게이며 동전(토큰) 모양의 이용권을 사용한다. 개찰구에 토큰을 넣으면 자동으로 문이 열리며, 나올 때는 개찰구로 접근하면 문이 자동으로 열리게 되어있다. onay 카드로도 탑승 가능하다.

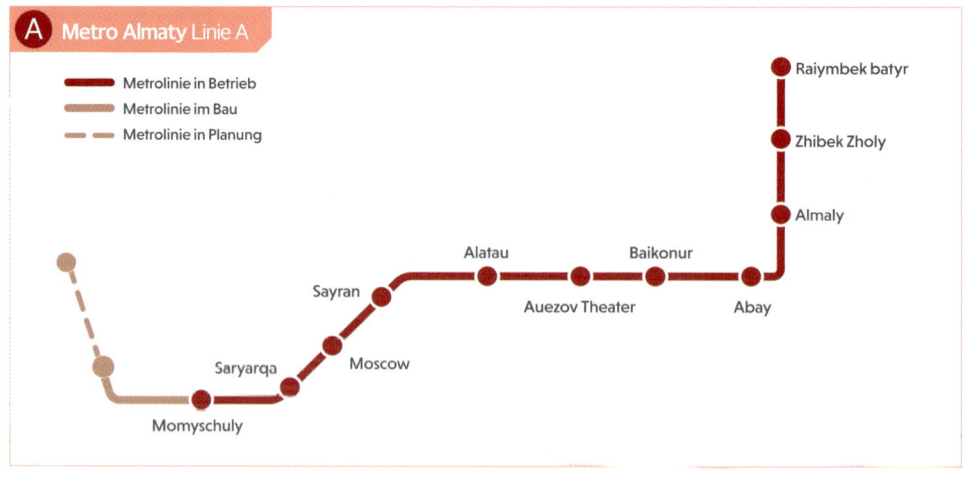

현지 여행사 프로그램 이용하기

알마티를 방문하는 여행객이라면 알마티 시내 관광보다는 아마도 아름다운 자연경관을 보기 위해 근교로의 여행을 계획하기 마련이다. 하지만 대중교통을 이용해서 다녀오기가 쉽지 않은 곳이기에 현지 여행사에서 운영하는 가성비 좋은 일일 투어를 이용할 것을 추천한다. 물론 아직은 대부분 러시아어로 진행되기 때문에 조금은 불편할 수도 있다. 이런 투어의 대부분은 가이드의 설명 보다도 안전하고 원활한 교통편을 제공받는 것만으로도 참여할 가치가 있다. 4~6명 정도의 일행이 있다면 운전사가 딸린 차량만을 이용하는 상품도 고려해 볼 만하다. 현지 여행사들은 홈페이지를 운영하는 곳도 있지만 대부분 인스타그램을 통해 투어 상품을 소개하고 있다. 예약 및 문의 사항은 인스타그램 DM보다는 왓츠앱 메신저로 하는 것을 선호하는 편이니 미리 다운받아 놓자. 만약 현지에 있다면 직접 사무실로 찾아가서 예약하는 방법이 가장 좋을 수 있다.

가장 인기 있는 관광지로는 빅 알마티 호수, 차른캐년, 콜사이 호수, 카인디 호수, 블랙캐년 등이며 일일 투어 또는 1박 2일 투어로 시기별로 다양한 프로그램을 운영하고 있으니, 회사별로 검색 후 맞는 일정을 찾아 선택하자. 가장 대표적인 회사로는 Bananatour, Joinme asia가 있으며, 한국에 잘 알려진 Onyx tour의 경우 시내 중심에 회사가 있어 방문 상담이 가능한 곳으로 자체 프로그램보다는 Joinme asia와 같은 다른 여행사 상품을 소개하고 있다. pandatravel_kz의 경우 한국인들이 가장 선호하는 차른캐년+콜사이 호수+카인디 호수를 포함한 일일 투어 상품을 운용하고 있으니 참고하자.

← **bananatour.kz** ⋮

1,062	12.6만	2
게시물	팔로워	팔로잉

ТУРЫ АЛМАТЫ | ALMATY TOURS | KAZAKHSTAN TRAVEL
지역 및 여행 웹사이트
🪪 Лицензированный туроператор
☀️ ЕЖЕДНЕВНЫЕ ГРУППОВЫЕ ТУРЫ... 더 보기
번역 보기
🔗 api.whatsapp.com/send?phone=7777044488...
Almaty, Kazakhstan

← **joinme.asia** ⋮

1,543	14만	2
게시물	팔로워	팔로잉

Туры Алматы | Almaty tours | Туры по Казахстану
@ joinme.asia
여행사
Путешествуйте с нами:
•Сертифицированные гиды-проводники
•Более 7 лет проводи... 더 보기

← **onyxtour_kz** ⋮

2,224	1.7만	35
게시물	팔로워	팔로잉

Турфирма Оникс Тур
🏔️ ИССЫК КУЛЬ АЛАКОЛЬ
🚌 Туры выходного дня от 7000 ТГ
📞 7 777 730 6598 WApp... 더 보기
번역 보기
🔗 api.whatsapp.com/send?phone=7777730659...
Alma-Ata, Almaty, Kazakhstan Abaya 76\109, yg.yl.Ayezova

← **pandatravel_kz** ✓ ⋮

Туры Алматы | Туры по Казахстану | Tour in Kazaksta...

223	3.4만	3
게시물	팔로워	팔로잉

관광 여행사
🏔️🐼 Авторские туры по Казахстану
🌍🐼 Горящие туры по всему Миру... 더 보기
번역 보기
🔗 wa.me/77053701025 외 2개
Almaty, Kazakhstan Pozharskogo 1 street, Regardal Hotel, 9th floor

Almaty Attractions

알마티 시내의 볼거리는 동서를 가로지르는 Abay Ave. 북쪽 구시가에 몰려 있어 도보로도 가능하지만, 대중교통비가 저렴하니 버스와 지하철 등을 적절히 이용하자. 알마티에서 하루밖에 시간이 없는 여행자라면, 오전에 일찍 침블락을 다녀와서 콕토베→그린 바자르→판필로프 공원 그리고 아르바트 거리에서 끝나는 일정으로 잡아보자.

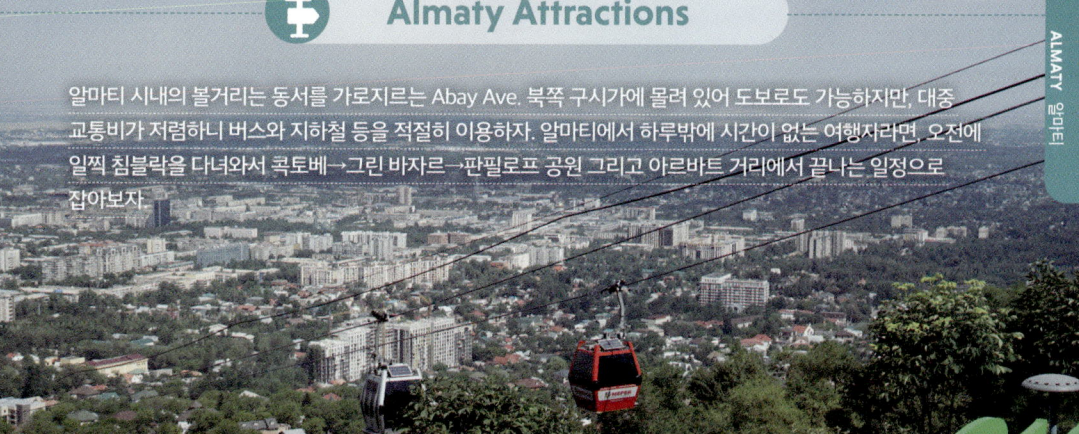

콕토베 공원
Kok Tobe

케이블카
- 월, 수, 목 10:00~22:00 / 화 13:00~22:00 / 금, 토, 일 10:00~23:00
- 편도 3,000텡게 / 왕복 5,000텡게

버스
From Dostyk st.
- 편도 1,000텡게 / 왕복 1,500텡게

'푸른 언덕'이라는 뜻의 콕토베는 알마티의 랜드마크 중 하나이며, 시민들의 가장 인기 있는 장소이다. 해발 1,100m에 있는 이곳을 가기 위해서는 알마티의 명물인 케이블카를 타고 가는 게 일반적이지만 현지인들은 걸어서 올라가거나 셔틀버스를 타고 가기도 한다. 이곳 전망대에서는 알마티 시내가 한눈에 내려다보일 뿐만 아니라 TV 타워, 대관람차를 비롯해 몇몇 놀이 기구와 레스토랑 등이 있어 외국인 관광객, 연인과 가족단위 현지인들도 많이 찾는 곳이다.

셔틀 버스승하차장

케이블카 탑승장

대관람차

그린 바자르
Green Bazzar

📍 Zhibek Zholy Avenue, 53
🕘 09:00 ~19:00

이곳은 알마티에서 가장 큰 재래시장으로 외국 관광객들도 자주 찾는 곳이다. 주로 고기와 말린 과일 및 견과류, 치즈 등을 판매하지만 바로 옆 건물에는 다양한 공산품들을 판매하는 상가도 있다. 건물 외벽이 온통 초록색으로 칠해져 있어 쉽게 찾을 수 있다. 내부 가운데 기둥 2층에는 꽤 유명한 커피 전문점인 Bowler도 있다. 이곳에 갔다면 인근에 있는 롯데 라하트 매장에 들러 선물용 초콜릿을 구입하자.

🛍 LOTTE Rakhat Candy Factory

2013년 한국의 롯데제과가 카자흐스탄 제과 기업인 라하트(Rakhat)를 인수하여 설립한 롯데 라하트는 현재 카자흐스탄 제과 시장을 장악하고 있다. 그린 바자르 길 건너편 공장 건물 1층에는 이 회사의 다양한 제품들을 판매하는 매장이 있다. 카자흐스탄 국기로 포장되어 있는 초콜릿이 선물용으로도 인기가 많다. 공항 면세점에서는 엄청나게 비싼 가격에 판매되고 있으니 이곳에서 구입하자. 이외에도 다양한 초콜릿, 캔디, 과자류 등 한국에서는 판매되고 있지 않은 것들도 많으니 그린 바자르를 방문할 계획이라면 이곳도 놓치지 말자.

📍 Zhibek Zholy Avenue, 47
🕘 08:00 ~ 20:00

판필로프 공원
Park of Panfilov
📍 Gogol Street, 40B

판필로프 공원으로 불리는 이곳의 정식 명칭은 '28명의 판필로프 근위병 공원'이다. 제2차 세계대전 당시 독일의 침공으로부터 모스크바 방어전에 참전하여 전사한 것으로 알려진 알마아타 보병 부대 28명의 군인을 애도하기 위해 조성된 공원으로 그들의 지휘관이었던 이반 판필로프의 이름에서 따왔다고 한다. 여기에는 이들이 참전했던 모스크바 방어전을 기리는 대형 조형물과 함께 영원의 불꽃이 타오르고 있다. 또한 공원 내에는 알마티에서 아름다운 건축물 중 하나인 러시아 정교회 젠코프 성당이 있어 꼭 방문하게 되는 곳이다. 이 성당은 1911년 진도 10의 대지진 당시에도 전혀 손상을 입지 않은 목조 건축물로도 유명하다. 또한 못을 사용하지 않고 지어진 건축물이라고 하니 가까이 가서 한 번 더 보게 만든다.

아르바트 거리
Arbat
📍 Zhibek-Zholy St.

알마티에서 가장 활기 넘치는 장소 중에 하나로 젊은이의 거리로도 잘 알려져 있다. 보통은 Tsum(쭘) 백화점 앞 보행자 전용도로 Zhibek-Zholy St.를 일컫지만 이 거리와 만나는 Panfilov St. 일대를 가리킨다. 젊은이의 거리답게 길거리 공연도 자주 볼 수 있으며, 아름답게 꾸며 놓은 도로 주변으로는 각종 레스토랑, 바 등 각종 편의시설이 있다. Zhybek-Zholy 지하철역에서 내려도 좋지만, 국립 오페라 & 발레 극장 앞에서 Panfilov St. 따라 내려 가면서 여유롭게 산책을 해보는 것도 좋을 것이다.

오페라극장

국립 아카데미 뮤지컬 코메디 고려극장

State Republican Academic Korean Theater of Musical Comedy

📍 Bogenbai Batyr Street, 158

92년의 역사가 있는 고려극장은 1932년 블라디보스토크에서 설립된 극동지방 고려 극단에서 시작되었다. 1937년 고려인 강제 이주를 당하면서 극장이 크즐오르다, 우슈토베 등으로 옮겨지는 수난을 겪다가 1968년 알마티로 최종 이전되었다. 고려극장은 한반도 밖에서 운영되는 유일한 국립고려극장이라고 한다. 극장 레퍼토리의 기초는 한반도 고유의 전통극과 카자흐족 작가들의 작품이며 모든 공연은 우리말로 동시 통역되고 있다고 한다. 이 극장은 고려인의 문화 중심지일 뿐만 아니라, 카자흐스탄 정부로부터 극장으로서는 가장 명예로운 아카데미라는 칭호를 받음으로써 문화적 자긍심을 고취하는 역할을 담당하고 있다. 현재의 극장은 아카데미로 승격된 이듬해인 2018년에 이전한 단독건물이다.

카스티예프 국립 현대 미술관

Abilkhan Kasteev State Art Museum

📍 микрорайон Коктем-3, 22/1, Almaty
🕐 10:00~18:00 (월요일 휴무)
💵 500텡게

카스티예프 국립현대미술관은 1935년 쉡첸코 박물관 소장품을 가져와 개장하였다. 1976년에 현재의 건물로 이전하였고, 1984년에 첫 카자흐스탄의 화가로 유명한 아빌칸 카스티예프 (Abilkhan Kasteev)의 이름을 딴 미술관으로 불리게 되었다. 이 미술관은 미술품 전시 외에도 미술 분야의 학술 활동 증진에도 힘쓰고 있다. 제1전시관은 14~20세기 유럽 미술품, 제2전시관은 17~20세기 러시아 미술품, 제3전시관은 소련 미술품, 제4전시관은 현대 카자흐스탄 미술품 그리고 제5전시관은 현대 조각품들로 수많은 작품이 다양하게 전시되어 있어 기대 이상의 볼거리를 제공한다.

Denis Ten 기념비

데니스 텐은 1993년 이곳 알마티에서 태어났으며 카자흐스탄을 대표하는 피겨스케이팅 선수이다. 그는 카자흐스탄의 소수 민족인 고려인으로 대한제국 시절 의병대장으로 활동했던 민긍호의 후손으로 알려져 우리에게도 친숙한 편이다. 25살의 어린 나이에 생을 마감한 그를 추모하기 위해 세워진 기념비에는 그의 주요 수상 경력이 쓰여있다. 그는 2008년 벨라루스 민스크에서 열린 주니어 그랑프리 골든 링크에서 금메달을 획득했으며 2014년 동계 올림픽에서 동메달을 획득하여, 카자흐스탄 피겨스케이팅 선수로는 처음으로 올림픽 메달을 목에 걸었다. 이곳은 Abay Ave.에서 한 블럭 떨어진 조용한 작은 공원 모퉁이에 있다.

Kulyash Baiseitova Street, 32

알마티 최대 쇼핑몰 MEGA

알마티는 중앙아시아의 중심도시답게 시내 곳곳에 명품관을 비롯해 수많은 크고 작은 쇼핑몰이 있다. 그중에서도 알마티 최대 쇼핑몰인 MEGA Alma-Ata는 최근 가장 활발한 상업 지역으로 발전하고 있는 구시가 남쪽에 있어 접근성은 좀 떨어지지만 한 번쯤은 방문해도 좋을 만한 곳이다. 유명 해외 브랜드와 함께 다양한 카자흐스탄 브랜드의 제품들을 만나볼 수 있다. 또한 각종 레스토랑 및 카페, 슈퍼마켓, 환전할 수 있는 은행 등 모든 편의 시설이 잘 갖춰져 있으며, 특히 가장 큰 슈퍼마켓 체인점인 galmart가 1층에 자리 잡고 있어 치약, 초콜릿, 꿀 등 귀국용 선물을 사기에도 그만이다. 일부 여행사의 일정 중에는 이곳에서 자유시간을 주고 있어 한국인 여행객들을 종종 볼 수 있다. 또한 2009년 알마티에서 처음 문을 연 고급 커피전문점 Marrone Rosso 가 있다. 이곳의 시그니처 메뉴는 Ice Marrone Rosso로 한여름 무더위를 식혀줄 만큼 시원한 맛이다. 매장이 너무 넓으니 길을 잃지 않게 조심해야 한다. 정문 앞에는 연인들이 즐겨 찾는다는 대관람차가 있어 멀리서도 잘 보인다. 이곳이 멀게 느껴진다면 시내 중심에서 가까운 Dostyk Plaza도 추천할 만한 곳이다.

Rozybakiev Street 247A
10:00 ~ 22:00

민속악기 박물관
Museum of Folk Musical Instruments

- Zenkov St.24, Almaty
- 월 휴무 / 10:00 ~19:00
- 1,500 텡게

나르코비즈

판필로프 공원에 인접해 있는 이 목조 건물은 1908년 젠코프 성당과 동시에 건립되었다. 외관은 전통적인 러시아 건축 양식 모양을 닮았으며 내부는 카자흐스탄 전통 문양으로 장식되어 있는 게 특징이다. 현재 박물관에는 투르크계 민족 악기 및 전 세계 20여 개국의 악기를 포함 1,000여 점이 넘는 악기가 소장되어 있다. 한 코너에는 북, 장구, 대금, 피리 등 11개의 한국 전통 악기도 전시되어 있다. 건물 앞에 있는 조각상은 카자흐스탄의 전통 악기 중 하나이며 카자흐 민족 문화를 대표하는 '나르코비즈'라는 것으로 이는 말총으로 만들어진 두 개의 현으로 연주하는 악기이다.

도심 속 산책로
Терренкур

Terenkur로 불리는 이곳은 2022년 여름 새롭게 조성된 곳으로 알마티의 뜨거운 여름철 도심의 번잡함에서 벗어나 여유롭게 산책할 수 있어 많은 현지인이 즐겨 찾는 곳이다. 이 명칭은 독일어 Terrainkur, 영어로는 Terraincure이며 이는 '특별히 마련된 경로를 따라 걷는 치료법'이라는 뜻으로 걷기와 달리기에 적합하도록 설계된 탐방로를 의미한다. 알마티에서 이곳은 '헬스 패스(Health Path)'로 알려져 있으며 총 4.5km 길이의 산책로로, 해발 1,060m 높이의 산으로 이어진다. 고도 치이는 660m로 고도가 높아질수록 더욱 울창한 숲으로 이어지면서 한적한 분위기를 자아낸다. 이곳을 방문하고 싶다면 침블락 가기 전 Muztau 정류장에서 하차 후 위에서부터 아래로 내려가는 게 수월하다. 또는 쇼핑몰 도스틱 플라자 건너편에서 시작하면 크고 작은 카페, 레스토랑 등이 많아 커피 한잔 마시면서 쉬어 가기에도 좋은 곳이다.

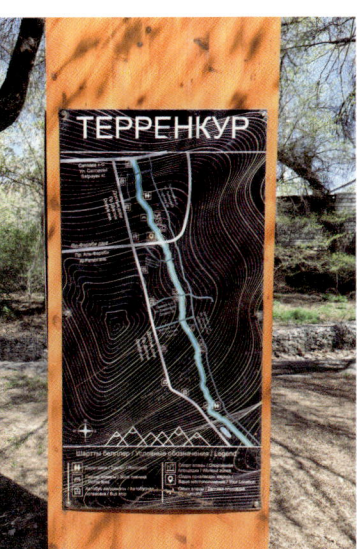

🛏 AQ miniSUITES

Abylai Khan Ave 55
+7 705 366 6797

다른 중앙아시아의 도시보다 호텔비가 비싼 알마티에서 호스텔이 아니면 저렴한 숙소를 찾기 쉽지 않다. AQ miniSUITES은 저렴한 독립된 공간의 숙소를 찾는 여행객에게는 최적의 조건을 갖추고 있다. 아르바트 거리와 가까운 시내 중심에 있으며, 모든 객실이 작지만 독립된 공간으로 분리되어 있어 도미토리움을 이용해야 하는 호스텔과 차별화된다고 할 수 있다. 특히 1박에 11,000텡게라는 금액으로 이용할 수 있다는 것과 무료 세탁이 가능하고 저녁에는 터키식 사우나를 무료로 이용할 수 있어 비수기인 겨울에도 많은 손님들로 붐비는 곳이다. 물론 공용 샤워실과 공용 화장실을 이용해야 하는 불편함이 있지만 기다려야 하는 불편함은 거의 없다. 수건도 원하면 매일 교환해 준다. 입구에서는 비닐로 된 덧신을 신어야 입장이 가능하며, 실내에서는 무료로 제공되는 실내화를 신어야 하므로 항상 깨끗한 실내 공간이 유지되고 있다. 추가 요금을 내면 저렴한 가격에 조식을 해결할 수 있는 것도 큰 장점 중의 하나이다. 독립된 공간의 객실에는 편안한 침대와 작은 테이블 그리고 침대 밑에는 서랍이 있어 수납공간도 여유가 있는 편이다. 1층과 2층에 마련된 공용 공간은 다양한 여행객들의 소통 장소이기도 하다. 무엇보다 친절한 스텝들이 있어 좋은 기억으로 남을만한 곳이 될 것이다. 예약은 부킹닷컴에서 가능하다.

알마티에서 골프를?

GOLF

톈산산맥 북쪽에 자리한 알마티는 1925년부터 1994년까지 카자흐스탄의 수도였다. 현재는 수도가 아스타나로 옮겨졌지만, 알마티는 아직 최대 도시로 명성을 이어가고 있다. 해발 4000m 넘는 산이 근처에 있고 알마티의 해발 고도 역시 800m라 건조하고 7월 평균 기온이 23.8℃로 활동하기 좋다. 카자흐스탄 알마티 골프장은 자일라우와 누르타우 2곳이 있다. 3월 초부터 11월 말까지 언제든지 설산을 바라보면서 골프를 즐길 수 있어 한국인 골프 여행객들의 방문이 잦아지고 있다. 카자흐스탄은 대륙성 기후로 매우 건조하며 일교차가 커서 한여름에도 그늘만 들어가면 매우 시원해 골프를 즐기기엔 쾌적한 날씨를 가지고 있다.

누르타우 골프 클럽
Nurtau Golf Club

자일라우 골프 코스
Zhailjau Golf Course

1995년에 개장한 누르타우 골프장은 드넓은 페어웨이와 크고 오래된 고목들이 많이 있는 것이 특징이다. 얼핏 보기에 한국의 초보들이 치기에 괜찮을 수 있게 보였지만 페어웨이처럼 보였던 잔디가 깊고 질긴 러프 등으로 둘러싸여 있어서 생각보다 플레이 하기가 매우 까다롭다. 전체 길이도 그렇게 짧지 않고 플레이하면서 그늘 휴식처로 생각되었던 나무마저 플레이 중간중간에 방해물로 있는 장소가 많다. 깊은 벙커, 운하 및 해저드 등 도전적 코스로 흥미로운 골프장이다. 또한 30여종이 넘는 다양한 식물과 현대적인 배수 시스템, 인공 호수 등 아름다운 경치를 자랑한다. 이 골프장은 전반 아웃코스는 일본인에 의해 설계되었고 인코스인 후반은 순수 카자크 사람에 의해 만들어 졌는데 아웃코스는 일본과 비슷하게 나무와 어우러져 아기자기한 느낌이 많다. 그래서 한국인들이 누르타우 골프장을 많이 선호한다. 고려인 주방장이 있는 클럽하우스에서는 김치찌개, 라면, 육개장, 뚝배기 불고기, 보쌈 등을 판매하고 있는데 설산을 바라보면서 즐기는 한식은 또 다른 알마티 여행의 별미를 제공한다.

http://nurtau.kz

2006년 오픈한 골프 리조트이며 유라시아 최고의 클럽 중 하나로 거론될 정도의 명문 골프장이다. 총면적 82헥타르 규모로 매우 값비싼 타운 하우스도 갖추고 있다. 아널드 파머가 설계했다는 이곳은 자연의 아름다움을 최대한 살렸고 5개의 인공 호수와 15,000그루 이상의 나무가 심어져 있지만 홀 간 간섭이 심하지 않아 좋다. 회원제 리조트 골프 클럽답게 클럽하우스로 들어가 보면 고급스러운 분위기가 중앙아시아 지역에서는 단연 으뜸이라 할 수 있다. 클럽하우스를 들어서면 웅장하고 흰 눈으로 덮인 설산이 눈에 들어오며 특히 페어웨이는 매우 넓어서 편안하게 플레이할 수 있으나 그린은 매우 빨라서 신중한 퍼팅이 요구된다. 클럽 대여도 가능하지만 스틸 샤프트가 대부분이므로 자기 클럽을 가져가 플레이하길 추천한다.

https://www.zgr.kz

🍴 **Café & Restaurant**

Café

Nedelka

알마티 시내에서 가장 활기찬 지역인 Abay Ave. 와 Dostyk Ave. 가 만나는 곳에 있어 항상 많은 손님으로 붐비는 곳이다. 분위기 좋은 실내 공간과 외부 테라스가 있어 운치가 있다. Abay 지하철역 및 콕토베 올라가는 곤돌라 탑승장과 가까워 접근성도 매우 좋다.

📍 Abay Ave. 19
🕘 9:00 ~ 23:00

JumpinGoat

Abay Ave. 대로변에 있는 이곳은 매장 규모는 작지만 깔끔하고 감각적으로 꾸며진 커피 전문점이다. 아침 식사와 함께 다양한 퀄리티 있는 커피를 즐길 수 있다.

📍 Abay Ave. 35   🕘 08:00 ~ 21:00

Bowler Coffee Roasters

이곳은 커피 애호가들이 자주 찾을 만큼 우수한 품질의 원두를 사용하는 알마티 최고의 에스프레소 맛집으로도 유명하다. 아르바트 거리 Tsum 백화점 옆 골목에 있으며, 그린 바자르 내 2층에도 있다.

📍 Zhibek-Zholy Ave. 81
🕘 09:00 ~ 22:00

Restaurant

Navat

알마티 시내에만 6개의 지점이 있는 이곳은 전통 음식점으로 필라프, 베쉬바르막, 라그만 등 다양한 현지 음식을 맛볼 수 있는 곳이다. 특히 내부 실내장식이 독특하고 화려해 사진 찍기에도 좋아 기억에 남을 만한 곳이다.

📍 Dostyk Ave. 48 🕐 10:00 ~ 24:00

Xoce & Josper

현지인들이 추천하는 스테이크 맛집으로 저녁에는 예약 필수인 곳이다. 민트색의 입구가 인상적인 것에 비해 실내는 화려하지 않고 소박한 느낌마저 든다.

📍 Zheltoksan St. 162
🕐 10:00 ~ 24:00

Shipudim

현지인들이 즐겨 찾는 샤슬릭 전문점. 6시 이후에는 항상 대기를 각오해야 할 만큼 가성비 좋은 곳이다. 양갈비 샤슬릭 추천! 또한 수제버거 세트도 저렴한 가격에 맛볼 수 있는 곳이다.

📍 Zheltoksan St 81, Almaty
🕐 12:00 ~ 24:00

Bar

Paulaner Bräuhaus

알마티에서 유일하게 정통 독일 맥주를 맛볼 수 있는 곳으로 쾌적하고 고급스러운 실내장식이 인상적이다. 현지인보다 외국인을 더 자주 볼 수 있는 곳으로 안주는 다소 비싼 편이다.

📍 Mukanova St. 190
🕐 12:00 ~ 01:00

Almaty HOTEL

The Rits Carlton Almaty

알마티 시가지와 알라타우 (Alatau) 산맥의 파노라마 뷰를 즐길 수 있는 5성급 럭셔리 호텔

- Esentai Tower, 77/7 Al Farabi Avenue, Almaty
- +7 727 33 28888
- https://www.ritzcarlton.com

Mercure Almaty City Center

알마티 중심부, 아르바트 거리(Arbat) 근처에 있어 주요 상점 및 관광지 접근성이 뛰어남

- Abylai Khan Ave 53, Almaty
- +7 727 344 2850
- https://all.accor.com

Novotel Almaty City Center

도스틱 대로변 콕토베 케이블카 탑승장 앞에 있는 4성급 호텔

- Dostyk Ave 104 A, Almaty
- +7 727 355 3838
- https://all.accor.com

Kazakhstan Hotel

1977년에 지어진 호텔로 알마티의 건축적, 역사적 상징물 중 하나이다

- Dostyk Ave 52/2, Almaty
- +7 727 291 9600
- https://kazakhstanhotel.kz

Terrenkur boutique hotel

테렌쿠르 산책로에 있어 조용하고 아늑한 분위기의 부티크 호텔

- Dostyk Ave 128, Almaty
- +7 777 400 9996

Renion City Hotel

알마티 중심가에 새롭게 지어진 가성비 좋은 현대적인 비즈니스 호텔

- Kaldayakov St 21, Almaty
- +7 727 313 3770
- https://renion.kz

Almaty Restaurant

Sandyq

전통 카자흐 문화와 유목민의 환대 정신을 모티프로 삼은 인테리어가 특징인 카자흐 전통 음식점

- Abylaikhan Ave 55, Almaty
- 12:00 - 01:00
- +7 775 007 3282
- https://sandyq.kz

Navat

알마티에 여러 지점이 있으며 실내 장식이 인상적인 중앙아시아 전통 음식점

- 주Dostyk Ave 48, Almaty
- 10:00 - 24:00
- +7 777 355 1111
- https://navatrestaurant.shop

Daredzhani Kunayeva

조지아(GEORGIA) 전통 요리 전문점으로 본고장의 맛을 느낄 수 있는 곳

- Kunaev St 85, Almaty
- 10:00 - 24:00
- +7 771 722 8291
- https://abr.kz/restaurant/daredzhani

Beefeater Dostyk

도스틱 거리에 있는 그릴, 와인바를 갖춘 분위기 있는 고급 스테이크 하우스

- Dostyk Ave 43, Almaty
- 12:00 - 24:00
- +7 700 355 0328
- https://sologroup.kz

Tyubeteika

전통적인 우즈베키스탄 요리 전문점으로 현지인뿐만 아니라 외국인 관광객에게도 인기 있는 곳

- Almaty
- 12:00 - 23:00
- +7 727 313 1579
- https://palladium.kz

백대감 Chef bek

가장 최근에 오픈한 한식당으로 넓고 깔끔한 공간에서 한국의 맛을 느낄 수 있는 곳

- Iskanderov St 356, Almaty
- 11:30 - 22:00
- +7 702 421 0505

근교 1

Shymbulak
침블락

알마티 근교 알라타우 국립공원 내에 있는 침블락은 겨울에는 스키장으로 유명하지만 언제라도 곤돌라를 타고 올라가면 톈산산맥의 만년설을 만날 수 있는 곳이다. 곤돌라 탑승장 옆에 있는 메데우는 국제 규모의 빙상경기장이 갖춰져 있고 가끔 대규모 공연이 열리기도 한다. 2011년 동계아시안게임과 2017년 동계유니버시아드가 열렸던 곳이기도 하다.

침블락 가는 방법

알마티 기차역에서 메데우까지 운행하는 12번 시내버스는 시내 중심부를 지나가기 때문에 가장 가까운 버스 정류장을 미리 찾아두자. 시내에서 1시간 정도 소요되며 메데우 종점 가기 전 곤돌라 탑승장 앞에서 하차하면 된다. 시간적 여유가 없거나, 일행이 있다면 택시를 타고 곤돌라 탑승장까지 빠르고 편하게 갈 수 있다.

곤돌라 왕복 성인 8,000텡게, 어린이(6-14세) 4,000텡게

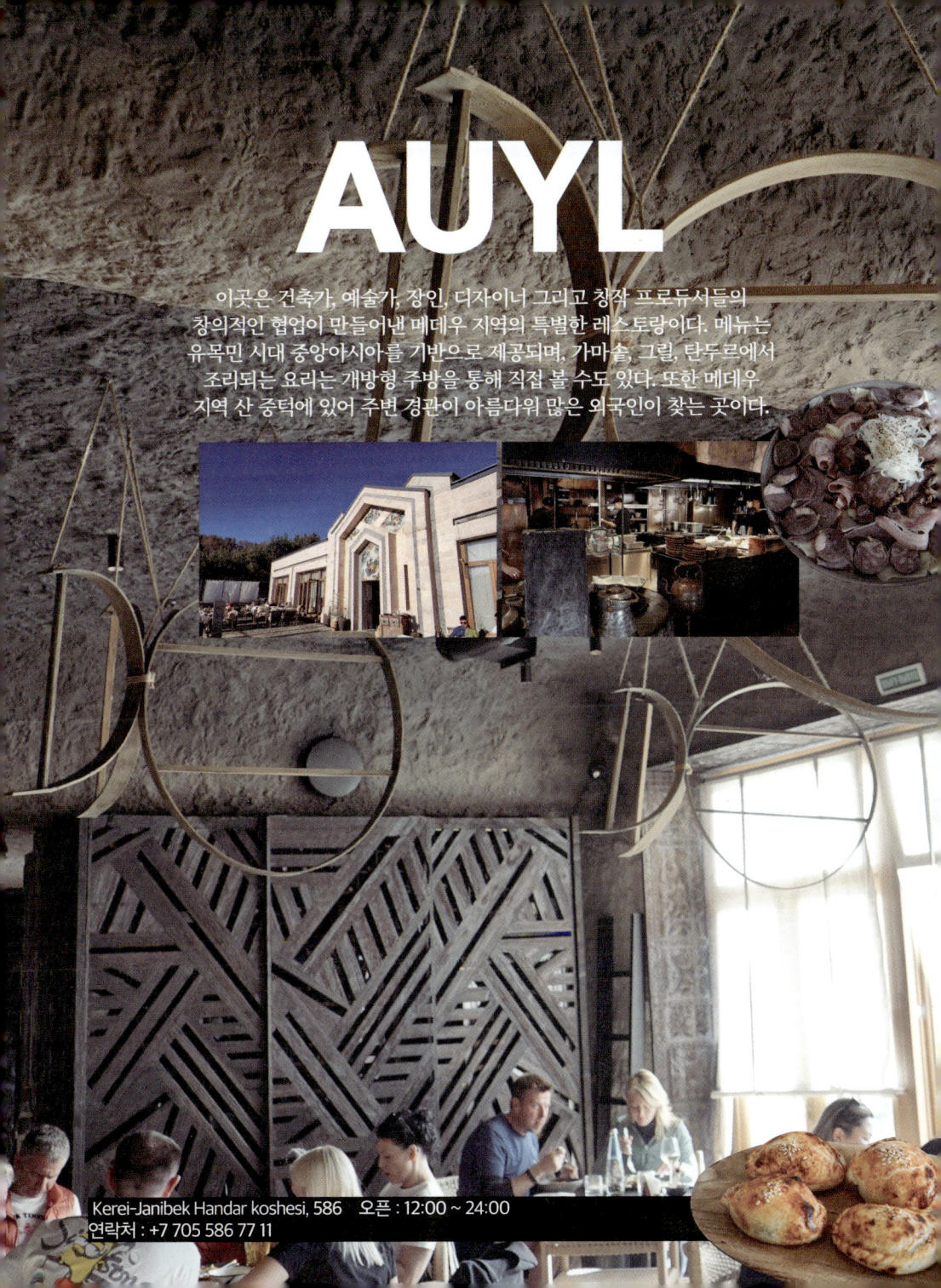

AUYL

이곳은 건축가, 예술가, 장인, 디자이너 그리고 창작 프로듀서들의 창의적인 협업이 만들어낸 메데우 지역의 특별한 레스토랑이다. 메뉴는 유목민 시대 중앙아시아를 기반으로 제공되며, 가마솥, 그릴, 탄두르에서 조리되는 요리는 개방형 주방을 통해 직접 볼 수도 있다. 또한 메데우 지역 산 중턱에 있어 주변 경관이 아름다워 많은 외국인이 찾는 곳이다.

Kerei-Janibek Handar koshesi, 586   오픈 : 12:00 ~ 24:00
연락처 : +7 705 586 77 11

근교 2

Big Almaty Lake
빅 알마티 호수

파이프 라인

일레 알라타우(Ile Alatau) 국립공원에 있는 이 호수는 알마티 시내에서도 비교적 가까워 국내외 여행객들에게 인기가 많은 장소이다. 지진의 결과로 형성된 고산 호수는 빙하수로 이루어져 있으며, 3개의 4,000m 이상의 고봉이 둘러싸고 있는 해발 2,510m에 있어 아름다운 풍광을 자랑한다. 길이 1.6km, 너비 0.75km, 깊이는 30m~40m로 시기에 따라 연한 녹색에서 청록색으로 변화하는 호수의 색이 주변과 어우러져 어느 시기에 방문하더라도 후회 없을 곳이다. 현재는 환경보호 차원에서 차량을 통제하고 있어 주차장에서 6km의 오르막길을 걸어 올라가야만 한다. 또한 이곳은 익스트림 파이프라인 하이킹 투어로도 인기가 많은 곳으로 기회가 된다면 짧은 구간이라도 파이프라인 위를 걷는 경험을 해보자. 트레킹이 목적이 아니라면 현지 투어 회사의 프로그램을 이용해 다녀올 것을 추천한다.

근교 3

Charyn Canyon
차른 캐년

중앙아시아의 그랜드캐넌으로 불리는 곳으로 차른강의 침식과 풍화작용으로 만들어진 협곡은 차른 강을 따라 북동쪽에서 남서쪽으로 154km에 걸쳐 형성되어 있다. 여행객이 가장 많이 찾는 곳은 단연코 '성 계곡'으로 그 길이가 2km가 넘는다. 이곳에서는 걷는 내내 붉은 퇴적암 기암괴석을 볼 수 있으며, 일몰 시에는 진홍색, 분홍색, 주황색으로 변화하는 모습을 볼 수 있다. 투어 종류에 따라 2시간~3시간 정도 시간이 주어지며 협곡을 따라 차른강이 보이는 곳까지 다녀올 수 있다. 그늘이 없는 이곳에 중간중간 설치해 놓은 휴식 공간이 인상적이다. 또한 이 구간만을 왕복 운행하는 전용 차량이 있는데, 대부분 갈 때는 걸어서 가기 때문에 돌아올 때 차를 타기 위해서는 오래 기다려야 하니 갈 때 차량을 이용하고 돌아올 때 걸어 오는 것도 좋은 방법이다. 이곳은 알마티 시내에서 꽤 멀리 떨어져 있어 차를 렌트하거나 투어를 이용해야 하는데, 인근에 있는 카인디, 콜사이 호수도 함께 다녀오도록 일정을 잡는 것이 좋다.

셔틀 차량

차른강-이곳이 반환점이다

근교 4

Kaindy Lake

카인디 호수

카인디 호수는 카자흐스탄의 여러 아름다운 호수 중에서도 가장 이국적이면서도 흥미로운 호수이다. 콜사이 호수 국립공원 내 해발 2,000m에 있는 이 호수는 1911년 지진으로 인한 산사태가 협곡을 막고 자연스럽게 댐이 형성되면서 생겨났다고 한다. 길이 약 400m 그리고 가장 깊은 곳의 수심이 30m에 달하는 이 호수에는 마치 침몰한 선박의 돛대처럼 호수 표면 위로 솟아 있는 가문비나무 줄기를 볼 수 있어 더욱더 신비로움을 자아낸다. 호수 표면의 빛깔은 계절별로 조금씩 다르게 보이지만 석회암 퇴적물과 기타 미네랄로 인해 짙은 청록색을 보여주고 있다. 그동안은 인근의 콜사이 호수의 명성에 가려져 크게 관심을 받지 못했지만, 최근에는 가장 인기 있는 관광지가 되었다. 하지만 이곳으로 가는 길은 또 다른 즐거움과 고통을 신사한다. 아직은 호수 근처까지 일반 차량이 들어갈 수 없이 주차장에 히치 후 우아직(또는 푸르공)이라고 불리는 특수차량을 타고 비포장도로를 20여 분간 가야 하는데 큰 음악 소리와 함께 달리는 동안 놀이공원에서처럼 즐거울 수도 있지만 누군가에게는 큰 고통일 수 있기 때문이다. 20여 분 신나게 달린 특수차량이 주차장에 정차하면 여기서도 호수까지는 오르막길을 20여 분 또 걸어가야 한다. 여기서부터는 3가지 방법 중 하나를 선택해서 다녀 올 수 있다.

ALMATY 알마티

1

호수까지 걸어가기

2

호수까지 말을 타고 다녀오기

🏷 편도 3,000텡게 / 왕복 5,000텡게

3

호수까지 산악전용 차량인 우아직(푸르공) 타고 가기

🏷 편도 500텡게 / 왕복 1,000텡게
편도만 이용도 가능.

근교 5

Kolsai Lake

콜사이 호수

카인디 호수 인근 콜사이 국립공원 내에 있는 이 호수는 '톈산의 진주'라고 불릴 만큼 아름다운 곳이다. Kungei Alatau 능선 기슭 가파른 소나무 숲 경사면에 3개의 호수로 이루어져 있으며, 관광객들이 방문하는 곳은 도로로 접근할 수 있는 첫번 째 호수인 Lower Kolsai Lake이다. 이곳 역시 지진으로 인해 형성된 호수로 해발 1,800m에 있으며, 길이는 약 1km, 깊이는 80m에 이른다고 한다. 주차장에 내리면 호수까지는 약간의 급경사 구간을 내려가야 한다. 위에서 바라보는 호수의 모습은 한 폭의 그림을 연상케 한다. 아래로 내려가 나무다리를 건너면 호수를 따라 아름다운 산책로가 이어져 있다. 이곳에서는 약 2시간 정도의 시간이 주어지는데 산책하거나 보트를 타고 호수 위에서 여유로운 시간을 보내도 좋을 것이다. 호수를 배경으로 이곳의 명물 독수리와 전통의상을 입고 찍는 사진 촬영은 또 하나의 추억을 선사할 것이다.

근교 6
Black Canyon
블랙 캐년

블랙 캐년은 차른 캐년에서 콜사이 호수 가는 중간에 있어 어느 투어 상품을 이용하더라도 들르는 곳이다. 이곳은 매우 깊은 협곡이어서 아래로 내려가지는 않고 주차장에 정차 후 20분간의 자유시간을 갖게 된다. 차른 캐년과는 또 다른 웅장한 멋이 있는 곳이다.

ASTANA
아스타나

1991년 구소련으로부터 독립 당시 수도였던 알마티에서 1997년 수도를 이곳으로 이전하였다. 이후 대규모 도시 계획이 진행되어 대통령궁, 정부청사 등 공공기관이 들어서기 시작했으며 바이테렉 타워와 같은 특이한 초현대식 건물들이 하나둘씩 완성되어서 많은 볼거리를 제공하고 있다. 아스타나는 카자흐어로 '수도'라는 뜻이라고 한다. 2019년 3월 카자흐스탄 정부는 퇴임하는 누르술탄 나자르바예프 대통령을 기리기 위해 도시 이름을 누르술탄으로 변경하였으나 많은 논란 속에 2022년 9월 다시 아스타나로 변경되어 오늘에 이르고 있다. 카자흐스탄 북부 평탄한 대초원 지역에 자리 잡고 있어 여름은 따뜻한 대륙성 기후지만 겨울은 매우 춥고 건조해 가급적 이 시기의 여행은 피하는 게 좋다.

Astana IN & OUT
아스타나 드나들기

아스타나는 카자흐스탄의 수도로 항공, 기차, 장거리 버스 등 다양한 교통수단으로 이동이 가능하다. 행정 중심 도시로 예전 수도였던 알마티에 비해 여행객들에게는 크게 매력적이지 않을 수 있으나 가성비 좋은 열차나 국내선 항공을 이용한다면 손쉽게 다녀올 수 있다.

01. 항공

아스타나 공항의 정식 명칭은 전직 대통령의 이름을 딴 누르술탄 나자르바예프 국제공항 (Nursultan Nazarbayev International Airport)이다.

환전소

심카드 판매소

시내 중심에서 남쪽으로 13km 떨어져 있으며 카자흐스탄 북부의 허브 공항답게 현대식 건물에 편의시설이 잘 갖춰져 있다. 하나의 건물에 국제선(왼쪽)과 국내선이 통로로 연결되어 있다. 일본의 유명한 건축가 구로카와 기쇼가 디자인한 것으로도 유명하다. 현대식 건물로 공항 내에는 환전소 및 심카드 판매 매장, 카페 등 편의시설이 잘 갖추어져 있다. 인포메이션센터에서 무료로 제공하는 지도 및 안내 책자는 매우 유용하다. 인천공항에서 에어아스타나 항공이 주 3회 운항 중이다.

공항에서 시내가기

공항에서 시내로 이동 시 택시를 가장 많이 이용하지만, 이곳이 종점인 시내버스를 이용한다면 매우 저렴하게 갈 수 있다. 공항을 나오면 바로 앞에 공항 택시 승차장이 있다. 다른 도시에서와 마찬가지로 '얀덱스 택시' 앱을 이용하자. 시내 중심까지 약 30분 소요. 얀덱스 앱 이용 시 3,000텡게 내외. 시내버스의 경우 10, 12번 두 버스 모두 시내 중심을 지나 기차역까지 운행한다.
(버스 운행 시간 06:26~22:26 / 배차 간격 10분~15분 / 약 1시간 소요 / 요금 90텡게)

02. 기차

큰 영토를 가진 나라답게 장거리 버스보다는 철도가 잘 발달하여 있는 편이다. 알마티에서는 16시간, 쉼켄트에서는 18시간 이상 걸리는 장거리 노선이지만 객실 선택의 폭이 넓고 거리에 비해 운임이 비싸지 않은 편이다. 또한 스페인의 Talgo열차로 시설 또한 나쁘지 않다.

아스타나의 기차역은 시내 중심에서 북쪽으로 약 9km 떨어져 있으나, 택시 또는 버스 이용에는 큰 불편함이 없다. 기차역 내에는 매점, 식당, 환전소, 짐 보관소 등 편의 시설이 잘 갖춰져 있지만 환전소의 경우 환율이 좋지 않으니 가급적 이곳에서의 환전은 피하자.

기차역 앞 버스정류장

시내 교통

🚌 버스

지하철이 없는 이곳에서 현지인들의 이동 수단은 버스이다. 기차역, 공항으로의 이동도 버스가 잘 연결되어 있다. 하지만 모든 버스는 현금을 받지 않아 여행객이 이용하기가 쉽지 않다. 여행객이 버스를 이용하기 위해서는 알마티의 교통카드 onay와 같은 아스타나 교통카드인 ASTRA 카드를 사야 한다. 기차역을 비롯해 일부 버스정류장과 쇼핑몰 내에 있는 기계에서 구매할 수 있으며, 구매 후 별도로 충전해야 한다. 카드 구입비는 1,000텡게이며 동전 및 200, 500, 1,000 텡게 지폐만 사용 가능하다. 버스 비용은 90텡게이다. 이곳에서 버스를 탈 일이 거의 없지만, 만약 카드 없이 버스를 탔다면, 이미 탑승한 승객에게 비용을 내 줄 것을 요청하면 대부분 흔쾌히 해준다. 핸드폰으로 결제한 승객에게 현금을 주고 반드시 QR코드가 나와 있는 지급 영수증 화면을 사진 찍어 갖고 있어야 한다. 알마티와 달리 이곳에서는 검문이 자주 있으니 절대 무임승차는 하지 말아야 한다.

카드 판매소 위치 확인 하기
https://transcard.kz/ru/rtvm

Astana Attractions

바이테렉 타워
Baiterek Tower

- Nurzhol Boulevard, 14
- 6월 1일 ~ 8월 31일 10:00~22:00
  9월 1일 ~ 5월 31일 10:00~21:00
  휴식시간 13:00~13:30, 18:00~18:30
- 2,000텡게

1997년 수도를 알마티에서 아스타나로 옮긴 후 새로운 시작을 상징하는 조형물을 건립하라는 대통령의 지시에 따라 2002년에 세워졌다. 현재 수도 아스타나의 상징이자 카자흐스탄의 랜드마크로 아스타나 최고의 관광 명소이다. 고대 전설에 따르면 카자흐스탄에 신비의 나무가 있었고 그 나무 위에는 파랑새(Blue Bird)가 살았는데 그 새가 새로운 생명의 창소를 의미하는 횡금알을 낳았다고 해서 이 전설을 모티브로 세워졌다고 한다. 105m 높이의 타워는 흰색 나뭇가지 모양의 대들보가 황금알을 품고 있는 모양으로 황금색 구슬 모양의 건축물은 지름이 22미터에 무게가 300톤에 달한다고 한다. 전망대에 오르면 아스타나 시내를 한눈에 감상할 수 있으며 2층에는 누르술탄 나자르바예프의 오른손 핸드프린팅이 있는데 이곳에 손을 올려놓고 소원을 빌면 이루어진다고 해서 항상 많은 사람으로 붐비는 곳이다. 그 옆에 있는 나무로 된 지구본은 세계 종교 지도자 회의를 기념하기 위해 만들어진 것이라고 한다. 수도를 이전 한 1997년도에 맞춰 전망대 높이를 97m로 설계하였다고 한다.

그 외 건축물들

평화와 화합의 궁전
Place of Peace and Reconciliation

- Tauelsizdik Ave. 57
- 10:00 ~18:00
- 1,000텡게

피라미드를 연상케 하는 평화와 화합의 궁전은 2006년에 건립되었으며 이 건물 내부에는 박물관, 오페라극장을 비롯해 콘서트홀, 전시실, 대규모 회의실을 갖추고 있다.

칸 샤티르
Khan Shatyr

- Turan Ave. 37
- 10:00~22:00

우주선 모양의 이 독특한 건물은 각종 브랜드 매장과 부티크, 카페, 레스토랑 등이 있는 대형 쇼핑몰이며, 내부에는 놀이기구인 자이로드롭도 있다.

누르 알렘 미래 에너지 박물관
Atyrau bridge

- Mangilik El Ave. 55/13
- 10:00 · 20:00 (월요일 휴관)
- 1,500텡게

2017 엑스포 부지에 세워진 전시관으로 높이 100m, 지름 80m로 세계 최대 규모의 원형 건축물이다. 8개 층으로 구성된 내부는 우주, 태양, 바람, 물 등 대체 에너지의 유형을 전시하고 있다.

아티라우 다리
Atyrau bridge

길이 314m, 폭 10.5m의 아티라우 다리는 아스타나의 상징적인 최신 건축물 중에 하나로 새로운 관광 명소로 떠오르고 있는 곳이다. 다리의 전체적인 외관은 아티라우 지역의 고유종인 카스피 철갑상어의 모양이라고 한다. Central Park와 연결되어 있다.

카자흐스탄 국립 박물관
National Museum of the Republic of Kazakhstan

- Tauelsizdik Ave. 54
- 10:00 ~18:00 (월요일 휴관)
- 700텡게

독립광장에 위치한 국립 박물관은 파란색 유리와 흰색 대리석으로 이루어진 독특한 외관 때문에 눈길을 끄는 곳이다. 총 11개 홀로 구성된 박물관에는 선사시대부터 현재에 이르기까지 카자흐스탄의 역사와 문화를 보여주는 전시물들로 가득하다.

하즈라트 술탄 모스크
Hazrat Sultan Mosque

- Tauelsizdik Ave. 48
- 24시간
- 무료

'거룩한 술탄'을 의미하는 이 모스크는 전통적 이슬람 양식과 카자흐 장식품으로 장식되어 있으며, 크고 웅장한 돔과 우뚝 솟은 77m 높이의 우아한 첨탑이 측면을 장식하고 있다. 내부의 기도실은 커다란 궁전을 연상케 한다. 다른 모스크와 달리 내부 입장 시 여성은 모자가 달린 파란색 옷을 입어야 한다.

Astana HOTEL

Sheraton Astana Hotel

중심부에 있는 5성급 호텔로, 바이테렉(Baiterek) 기념탑과 가까운 거리에 있어 주요 관광지로의 접근성이 뛰어남

- Syganak St 60/1, Astana
- +7 717 270 0555
- https://marriott.com

The St.Regis Astana

중심부에 있는 5성급 럭셔리 호텔로, 현대적인 시설과 전통적인 카자흐 문화의 융합을 느낄 수 있음

- Qabanbay Batyr Ave 1, Astana
- +7 717 279 0888
- https://marriott.com

The Ritz Carlton Astana

5성급 럭셔리 호텔로 비즈니스와 레저 여행객 모두에게 최적의 숙소이며 카자흐스탄의 현대적인 면모와 전통적인 매력을 동시에 경험할 수 있는 곳

- Dostyk Street 16, Astana
- +7 717 273 4000
- https://www.ritzcarlton.com

Wyndham Garden Astana

가성비 좋은 현대적인 시설의 4성급 호텔

- Khuseyn Ben Talal 25, Astana
- +7 775 030 4444
- https://wyndhamhotels.com

Best Western Plus Astana

누르졸 대로(Nurzhol Boulevard)와 바이테렉 기념탑(Baiterek Tower) 인근에 있는 가성비 좋은 3성급 호텔

- Dostyk street 13A, Astana
- +7 717 227 7999
- https://bestwestern.com

Caps Lock Future Hotel

중심부에 있는 현대적인 캡슐 호텔로, 미래지향적인 디자인이 인상적인 곳으로 독특한 숙박 경험은 물론 예산을 절약하려는 여행객에게 최적의 호텔

- Dinmukhamed Qonayev St 29, Astana
- +7 700 127 8533
- http://capslock.kz

Astana Restaurant

La Riviere

The St. Regis Astana 호텔 2층에 있는 고급 레스토랑으로, 이심 강 (Ishim River)을 조망할 수 있는 테라스와 오픈 키친이 특징

- Central Park, Kabanbay Batyr Avenue No:1, Astana
- 07:00 - 23:00
- +7 778 114 4111
- https://www.marriott.com

Saksaul

고급스러운 카자흐스탄 및 중앙아시아 요리를 제공하는 레스토랑으로, 세련된 인테리어와 정성스러운 서비스에 감동 받을 수 있는 곳

- Northern Lights, Dostyq St 5, Astana
- 09:00 - 24:00
- +7 717 247 5959

Salter's

쉐라톤 호텔 1층에 있는 고급 스테이크하우스로, 현대적인 감각과 전통적인 요소가 조화를 이루는 독특한 분위기를 제공

- Syganak St 60/1, Astana
- 18:00 - 02:00 (일,월 휴무)
- +7 777 778 9966
- @salters.restaurant

Qazaq Gourment Restaurant

아스타나 망길릭 엘 거리(Mangilik El Ave. 29)에 위치한 고급 카자흐 전통 요리 전문점

- Prospekt Mangilik Yel. 29, Astana
- 12:00 - 23:00
- +7 708 988 8888
- https://qazaqgourmet.kz

Emiliya

Sheraton Astana 호텔 1층에 있으며 유럽, 아시아, 중동, 캅카스(코카서스), 터키, 중앙아시아의 다양한 요리를 제공하는 인터내셔널/퓨전 스타일 식당

- Syganak St 60/1, Astana
- 06:30 - 23:00
- +7 777 310 6112

Line Brew

인기 있는 스테이크하우스로, 중세 유럽풍 인테리어가 인상적인 곳

- Kenesary St 20, Astana
- 12:00 - 02:00
- +7 701 155 1322

SHYMKENT
쉼켄트

쉼켄트는 카자흐스탄에서 알마티, 아스타나에 이어 세 번째로 큰 도시이다. 알마티에서 서쪽으로 700km, 수도인 아스타나에서는 남쪽으로 1,500km 떨어져 있으나 인접 국가인 우즈베키스탄의 타슈켄트와는 불과 120km 떨어진 국경 도시이다. 역사적으로 12세기에는 실크로드 무역 중심지였으며, 20세기에는 남카자흐스탄 경제발전의 중심지가 되었다.

# Shymkent IN & OUT
쉼켄트 드나들기

쉼켄트는 카자흐스탄 남부의 교통 요지이며 특히 우즈베키스탄과 키르기스스탄 국경과 가까워 육로 교통이 발달해 있다. 수도인 아스타나와 최대 도시인 알마티로의 이동은 철도와 항공편을 이용하는 게 일반적이다.

★ 쉼켄트를 방문하는 대부분 여행객은 인접 국가인 우즈베키스탄이나 키르기스스탄으로의 육로 이동이 목적이거나 유네스코 세계문화유산으로 지정된 코자 아흐메드 야사위 (Khoja Ahmed Yasawi) 영묘가 있는 인근 도시 투르키스탄을 방문하기 위해서이다. 쉼켄트 시내에서는 대형 쇼핑몰인 Shymkent Plaza를 중심으로 아르바트 거리, Abay Park 등을 산책하듯이 걸어보도록 하자.

Shymkent Plaza

01. 항공

현재 인천공항에서 쉼켄트까지는 카자흐스탄 민간 항공사인 SCAT 항공이 주 2회 직항편을 운항하고 있으며, 아스타나와 알마티 등 국내 주요 도시에서 국내선이 자주 있어 접근성이 좋아졌다.

Shymkent International Airport

쉼켄트 국제 공항

시내에서 북서쪽 12㎞ 떨어져 있는 공항은 SCAT 항공의 허브 공항으로 최근 새롭게 단장하였다. 기존 노선 이외에 인천을 비롯해 뮌헨, 부다페스트, 상해, 카이로 등 새로운 직항 노선이 생겨서 국제공항으로서의 면모를 보이고 있다. 하지만 여느 공항과 달리 수하물을 찾고 입국장을 나오면 1층에는 아무것도 없다. 환전과 편의시설을 이용하기 위해서는 2층 출국장으로 올라가야 한다.

공항에서 시내가기

공항에서 시내로 가기 위해서는 Yandex go 택시 앱을 이용 택시를 타는 게 가장 일반적이다(소요 시간은 30~40분 내외로 요금은 약 2,000텡게). 현재 공항버스는 운영되고 있지 않지만, 기차역이 종점인 12번 시내버스를 타면 시내 주요 지점을 통과한다 (운행 시간 05:00 ~22:00, 15분 간격 / 요금 90텡게 / 약 1시간 소요).

02. 기차

광활한 영토에 주요 도시 간의 거리가 멀어 장거리 버스보다는 열차를 이용하는 게 효율적이다. 수도인 아스타나까지는 매일 한차례 운행하기 때문에 표를 구하기 어려울 뿐만 아니라 새벽 출발 후 새벽 도착이어서 알마티에서 한 번 갈아타고 가는 방법도 고려해야 한다. 알마티까지는 하루에 6~10회 운행을 하며 열차 종류에 따라 11~14시간 소요된다. 특히 이 구간에는 객실 내에 화장실과 샤워실이 딸린 2인실이 있어 안락한 기차여행도 가능하다.

※ 쉼켄트 02:27 - 아스타나 03:13 +1일 (약 25시간 소요) /
  4인실 기준 약 6만 원
※ 알마티행 2인실이 있는 열차 (샤워실이 있는 2인실 기준 약 6만 원)
  쉼켄트 18:30 - 알마티 05:58 +1일
  쉼켄트 19:55 - 알마티 07:14 +1일

쉼켄트에서 타슈켄트 가기

인접 국가인 우즈베키스탄의 수도 타슈켄트까지는 항공, 열차 등 여러 교통편이 있지만 거리가 가까워 육로를 이용 국경을 통과하는 게 일반적이다. 먼저 택시 또는 미니버스를 타고 카자흐스탄 국경까지 이동 후 출입국심사를 거쳐 우즈베키스탄으로 넘어가서 택시 또는 버스를 타고 타슈켄트 시내까지 갈 수 있다. 쉼켄트 시내에서 국경까지 가는 택시와 미니버스를 타기 위해서는 Колос(Kolos)로 가야 한다. 버스 정류장 Магадин Колос(마가진 꼴로스)에 하차 후 앞에 보이는 건물 오른쪽 끝까지 이동 후 작은 슈퍼마켓을 끼고 좌회전하면 목적지인 Chernyaevka행 교통편을 이용할 수 있는 곳을 찾을 수 있다.

우즈베키스탄 입국 심사를 마치고 나오면 JML Plaza 건물 앞에서 Yandex Go 택시 앱을 이용해서 택시를 타거나(택시 요금 약 70,000 숨 내외), 169번 시내버스를 타면 타슈켄트 시내 지하철역 Shahriston앞까지 갈 수 있다.

169번 시내버스
- 운행 시간(06:00~21:30)
- 2,000 숨

Shymkent Attractions

코자 아흐메드 야사위 영묘
Mausoleum of Khoja Ahmed Yasawi

- 09:00 ~18:00
- 500텡게

이곳은 12세기 유명한 철학자이자 시인이었으며 수피(Sufi) 지도자였던 코자 아흐메드 야샤위의 영묘로 티무르 시대였던 1389~1405년에 건축되었다. 티무르의 사망으로 건축이 중단되어 아직도 일부 미완성으로 남아 있다. 페르시아의 건축 대가들이 사용했던 실험적인 건축적, 구조적 공법은 훗날 티무르 제국의 수도 사마르칸트 건설에도 적용되었다. 이 영묘는 티무르 시대의 건축물 중 규모가 가장 크고 보존이 잘 되어 있다고 한다. 티무르 시대의 뛰어난 건축적 성과로서 이슬람교 건축물 발달에 크게 이바지하였으며, 영묘와 그 터는 중앙아시아 지역 문화와 티무르 시대의 건축 역사를 이해하는 데 중요한 역할을 하고 있어 2003년 유네스코 세계 문화유산으로 등재되었다. 무엇보다도 상당한 규모의 외벽은 티무르 시대 건축물들의 전형적인 특징인 기하학적 패턴의 묘비 장식들이 새겨진 광택 나는 타일로 덮여 있어 보는 이로 하여금 감탄을 자아내게 한다. 영묘의 벽에는 고대 아라비아 문자인 쿠피체 문자가 새겨져 있고, 돔을 받치는 원통형 기둥들에는 코란의 구절들이 새겨져 있다. 이곳은 19세기에 코칸트 칸이 영묘를 요새화하면서, 그 주위에 진흙으로 쌓아 올린 방어벽을 설치하였는데 지금은 재건축되어 도시와 영묘를 구분하고 있다. 이 종교 단지 내에는 야사위 영묘 이외에도 Rabia Sultan Begum 영묘를 비롯해 지하 모스크, 목욕탕 박물관, 주마 모스크 박물관 등이 있으며, 실크로드의 상징인 낙타를 타보는 체험도 할 수 있다.

아리스탄밥 영묘
Arystan Bab Mausoleum

- 08:00~21:00
- 500텡게

12세기 아리스탄 밥의 무덤 위에 세워진 이 영묘는 14세기에 지어졌으나 18세기 지진 이후 이중 돔 구조로 복원되었으며 지금의 모습은 20세기 초 재건된 것이다. 현재는 원래 건물에서 조각된 나무 기둥만 남아 있다. 호자 아흐메드 야사위의 스승으로 알려진 아리스탄 밥은 중앙아시아 이슬람 수피 성자로, 예언자 무함마드의 유물을 전달받았다는 전설이 전해진다. 그의 영묘는 현재 이슬람의 성지로 많은 순례객이 방문하는 곳 중 하나이다. 이 영묘는 중앙 아치와 양쪽 첨탑 그리고 두 개의 돔이 있는 웅장한 모습을 한 것이 특징이나. 또한 인근에는 오트라르(Otrar)라는 고대 실크로드 도시 유적지가 있으며 이곳은 티무르가 마지막 원정길에 오르다가 급사했던 곳으로도 잘 알려진 곳이어서 함께 둘러보면 좋을 것이다.

이곳을 방문하기 위해서 현지인들이 가장 많이 이용하는 방법은 쉼켄트 시내의 여러 버스 터미널 중 Samal 터미널에서 Shaulder행 마르슈트카(미니버스)를 타고 가는 것이다. 마르슈트카도 어느 정도 승객이 채워져야 출발하는 시스템이라 어느 정도 기다릴 각오를 해야한다. 마르슈트카는 1,500텡게이며 합승 봉고 택시는 2,500텡게이다. Shaulder에 도착해서 다시 합승 택시(약 500텡게)를 타고 20여 분을 가야 도착할 수 있다.

쉼켄트 이모저모

The Great Silk Road

독립기념 공원

Shymkent plaza

Baidibek Bi 공원

바자르

스타벅스

기념품

쉼켄트 고성

Ordabasy 광장

사이람
Sayram

쉼켄트를 방문했다면 투르키스탄의 야사위 영묘와 함께 3,000년의 역사를 지닌 고대 도시이자 옛 실크로드의 주요 교역 도시로 번성했으며, 무역과 종교, 문화의 중심지였던 사이람 방문을 추천한다. 차로 약 30분 거리에 있는 이곳은 쉼켄트의 일부로 되어있지만, 사실 쉼켄트는 예전 실크로드 도시였던 사이람을 보호할 목적으로 세워진 도시였다고 한다. 이슬람 전파 이후에는 수많은 성직자와 학자들이 활동했던 이슬람의 성지로 알려져 있으며, 남아 있는 유적들은 전통적인 진흙 벽돌 건물들이 주를 이루고 있어 고즈넉한 분위기에 과거로 돌아간 듯한 착각을 불러일으킨다. 주요 볼거리로는 호자 아흐메드 야사위의 아버지로 알려진 이브라힘 아타 영묘(Mausoleum of Ibragim Ata)와 중앙아시아 이슬람 수피즘의 초기 전파자 중 한 명으로 알려진 압둘 아지즈 바바 영묘(Mausoleum of Abdul Aziz Baba)가 있으며 지리적으로 우즈벡 영향권에 있어 카자흐스탄의 다른 도시와는 사뭇 다른 분위기를 느낄 수 있는 곳이다. 쉼켄트에서 그리 멀지 않아 택시를 타고 가도 되지만 Ordabasy 광장 앞에서 시내버스 148번, 139번 또는 30번을 타고 갈 수도 있다.

USHTOBE

우슈토베

우슈토베는 카자흐스탄 남동부 제티수 지역에 있는 작은 도시이지만 이곳은 카자흐스탄 사람보다 우리에게 더 잘 알려진 곳이다. 이는 1937년 소련의 고려인 강제 이주 정책으로 고려인들이 열악한 열차 여행 끝에 도착한 첫 정착지가 황량한 황무지 땅 우슈토베로 우리에게는 아픈 역사가 있는 곳이기 때문이다. 하지만 그들은 현지 주민들과 함께 어려운 환경 속에서도 농업과 교육 등에서 공동체를 이루며 정착해 갔으며 현재 고려인 역사에서 상징적인 장소이다.

Ushtobe IN & OUT
우슈토베 드나들기

우슈토베는 알마티에서 북쪽으로 300km 이상 떨어져 있는 곳이지만 자동차를 타고 간다면 하루에도 다녀 올 수 있다. 하지만 개별 여행자라면 알마티에서 택시를 이용하거나 열차를 타고 가는 방법이 있다. 알마티에 있는 사이란 버스터미널에서는 우슈토베까지 직접 가는 버스는 없고 Талдыкорган(탈디코르간)까지 버스를 타고 가서 그곳에서 택시를 타야 한다. 탈디코르간까지 버스 요금은 3,000텡게이며 약 4시간이 소요된다. 중간에 화장실만 있는 휴게소에 한 번 정차한다. 탈디코르간에서 택시를 타면 약 1시간 후 우슈토베에 도착한다. 여러 가지 사정을 고려할 때 역사적인 장소인 우슈토베역에 정차하는 기차를 타고 다녀 오는 일정도 나쁜 선택은 아니다. 물론 열차 운행 횟수가 많지 않아 우슈토베에서 1박을 해야 한다는 점을 고려해야 한다. 또한 우슈토베에서 알마티행 열차는 대부분 새벽 출발이니 4인실(쿠페) 아래층을 선택하는 게 좋다.

알마티에서 출발하는 열차는 시내에서 조금 떨어져 있는 Almaty 1역이니 미리 가는 방법을 숙지해 두자. Almaty 1 기차역이 종점인 시내버스(1, 2, 30, 34, 73, 135번)들도 많아 쉽게 이동할 수 있다. 우슈토베까지는 약 6시간이 소요되며 4인실 기준 18,000원 정도이다.

Ushtobe Attractions

카라탈 지구
고려인 역사 센터
Karatal District Korean History Center

센터 내의 기념관은 고려인 강제 이주의 역사와 중앙아시아 고려인의 삶을 기념하기 위해 설립된 곳으로 우슈토베의 천사로 불리는 헬렌 박 선교사님의 헌신적인 노력으로 설립된 곳이다. 선교사님은 2003년 러시아에서 선교 활동을 시작한 후, 알마티로 이전해 활동하던 중 우슈토베에 정착하셨다고 한다. 고려인의 첫 정착지였던 이 지역에서 고려인 초기 강제 이주와 고난의 역사를 접하고 이를 기록하기 위해 박물관 설립에 온 힘을 쏟으셨다고 한다. 이곳은 미주 애틀랜타 교회에서의 헌금으로 2009년 임마누엘교회와 청년센터로 시작해서 지금은 선교활동과 기념관 관리 이외에도 지역의 소외계층을 위한 교육, 의료, 장학금 지원 사업도 하고 계신다. 이제 이곳은 현지 고려인의 삶을 기록하고 전승하는 문화 역사 공간으로 자리 잡고 있다. 또한 이를 널리 알리기 위해 방문객을 위한 숙박시설은 물론 박물관 앞 마당에는 강제 이주의 초기 삶을 보여주는 토굴과 함께 구둘 방(온돌방), 김치 굴(냉장고 역할), 막(쉼터), 구럼물(우물), 바이깐(방아), 땅가매(아궁이), 닭이 굴(닭 키우던 곳), 북간(화장실) 등을 재현해 놓아 고려인의 첫 발자취를 기록한 살아 있는 기억의 공간으로 우슈토베 방문 시 꼭 들러야 할 곳이다.

> **tip** 이곳은 우슈토베 기차역에서 그리 멀리 않지만 걸어 가기에는 다소 먼 곳이다.
> 택시를 타고 운전사에게 '한국 교회' Корейская церковь(까레이스까야 쩨르꼬비) 또는 주소 Bastobe, Sergei Iyn koshesi, 32를 보여주면 된다.
> 도착하기 전에 선교사님과 연락을 하면 직접 마중을 나오시기도 한다.
> (연락처 +7 705 988 2195)

고려인기념관을 세우며

우슈토베는 바람결 따라 조상들이 중앙아시아 곳곳으로 퍼져나간 출발섬입니다. 민들레 홀씨처럼 흩어졌던 그들은 각지에서 소나무처럼 난단하게 뿌리를 내리며 살고 있습니다. 자랑스럽고도 비통한 역사지요.
그 대서사시가 시작된 이곳을 찾아온 여러분은 순례자이자 제게 귀한 손님입니다. 저는 먼 길 마다하지 않고 역사의 발자취를 더듬어 우슈토베를 방문하신 여러분을 존경합니다. 하나님께서는 나그네를 사랑하라 하셨지요. 고려인기념관 설립은 그 말씀에서 시작됐습니다. 무더운 여름 비지땀 흘리며 여기까지와 볼 것도 없이 설명만 듣고 돌아서는 뒷모습을 보면 참 미안했습니다. 그래서 마당 한쪽에 토굴을 만들어 보여드렸지요. 여기 더해 2017년부터 고려인들의 고난을 마음 아파하신 하나님 뜻에 따라 기념관을 만들기 시작해 오늘에 이르고 있습니다.
여기서 잠시 쉬어 가세요. 다시 먼 길 돌아가실 순례자들 마음 한편에 옛이야기 선물처럼 담아 드리고 싶네요. 아무것도 전해드릴 게 없던 날을 돌아보면 이제야 마음이 놓이네요. 행복하세요.

헬렌(박희진) 선교사

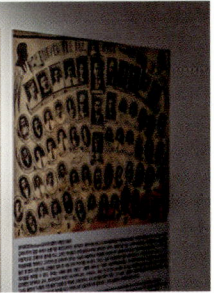

사진 제공 : 김동우 작가

카자흐스탄-한국 우호공원
Kazakhstan-Korea Friendship Park

강제 이주 고려인들의 첫 기착지인 우슈토베역에서 약 7km 떨어진 바슈토베 지역에 조성된 공원으로 이곳이 바로 고려인들이 토굴을 짓고 살았던 초기 정착지로 지금은 공동묘지로 사용되고 있는 곳이다. 이 공원은 양국 간의 우호와 교류를 기념하며, 고려인의 역사적 고난과 정착 과정을 기리는 장소로, 한-카자흐 양국의 우정과 역사적 유대를 상징하고 있다. '우슈토베'는 '세 개의 언덕' 그리고 '바슈토베'는 '큰 언덕'이라는 뜻이라고 한다. 사방을 둘러봐도 지평선이 보일 정도의 황량한 벌판인 이곳의 언덕에 정착한 이유는 아마도 추위와 매서운 바람을 피하기 위한 선택이었을 것이다. 공원 내에는 "同族如天(동족여천, 동포를 하늘처럼 섬기라)" 문구가 새겨진 추모비와 홍범도, 이동휘, 최재형 등 15인의 이름이 새겨져 있는 '고려인 항일 독립운동가' 추모 벽이 있다.

카자흐스탄에 잠들었던 홍범도 장군

카자흐스탄 남부 크즐오르다 주의 주도인 크즐오르다에는 조선 말기의 의병장이자 일제강점기 독립운동가인 홍범도 장군이 마지막 생을 마감한 곳이다. 1868년 빈농의 아들로 태어나 9살이 되던 해 고아가 되어 머슴살이하며 불우한 어린 시절을 보냈다. 1895년 을미의병을 시작으로 항일 의병으로 활동했으며 1910년 국권 피탈 후 만주로 망명하여 독립군 양성에 힘쓰는 등 독립운동가로 활동했다. 봉오동 전투와 청산리 전투에서 승리한 뒤 일본군을 피해 1921년 연해주로 이주했다. 1931년 만주사변 이후 일본의 극동지역 침략이 본격화하자 소련 정부는 일본인과 일본군 간첩을 차단한다는 차원에서 일본인과 닮았다는 이유로 한인들을 중앙아시아 지역으로 강제 이주시켰다. 홍범도 장군도 예외가 아니었다. 그 당시 그가 정착한 곳이 크즐오르다였으며 그는 집단 농장을 운영하기도 했다. 말년에는 고려극장의 관리인으로 일하며 여생을 보내다가 1943년 생을 마감했다. 현지 고려인들은 그의 묘소에 반신 조각상과 추모비를 세우는 등 그의 업적을 기렸다. 우리 정부는 2021년 8월 15일 그의 유해를 봉환해 8월 18일 국립대전현충원에 다시 안장되었다. 카자흐스탄에서 잠든 지 78년 만의 귀환이었다.

중앙아시아의 고려인

러시아와 중앙아시아를 포함한 구소련 지역에 살고 있는 한국인 교포를 통틀어 일컫는 말로 중국에서는 조선족이라 말한다. 현지에서는 한국인을 뜻하는 러시아어 카레이츠라고도 한다.

러시아 제국에 유입된 한인들의 진출 경로는 대략 두 가지의 경우로 요약된다.

첫 번째는 한반도를 지배하고 있던 일본이 1939년과 1945년 사이 한반도에서 사할린으로 15만 명 이상의 일반노동자 그리고 군 징용 노동자를 징발의 하나로 보냈는데 상당수가 해방 후 귀국했음에도 불구하고 현지에서 가정을 가졌거나 일자리를 찾아 그곳에 정착한 경우이다.

두 번째는 1937년 소련의 극동 지역에 거주하고 있던 고려인 약 17만 명이 스탈린 정권의 강제 이주 정책에 따라 중앙아시아로 이주하여 정착한 경우이다.

중앙아시아의 고려인들은 대부분 1860년대 초 가난을 피해 북한지역을 거쳐 연해주로 넘어갔다가 1922년 연해주 지역이 소비에트화로 국경이 폐쇄되자 그대로 살다가 1937년 스탈린에 의해 중앙아시아로 강제 이주 당한 경우이다..

현재 CIS 지역 내 형성된 고려인은 대략 50만 명에 달한다고 한다. 이 중 가장 많이 사는 지역은 우즈베키스탄과 카자흐스탄이다.

1937년에 단행되었던 극동 지역 고려인의 강제이주에 관한 원인으로는 아래와 같이 세 가지이다.

첫 번째는 극동 지역에서 있을지도 모르는 일본 첩자의 활동을 미리 방지하자는 것이었는데 이는 고려인과 일본인이 비슷하게 생겼기 때문에 일본 첩자를 가려내기가 어렵다는 이유로 고려인들을 강제로 이주시켰다는 논리이다.

두 번째는 극동 지역에 거주하고 있던 고려인들의 규모가 커지다 보니 향후 영토적 자치 요구가 있을 것으로 판단하여 미래에 있을지 모르는 이러한 가능성을 사전에 차단할 필요성이 있다고 보았던 것이다.

세 번째는 당시 소련에서 실시된 농업집단화 정책의 하나로 중앙아시아 지역에 인구를 공급하고 아울러 농업생산력 증대를 위한 인위적인 인구 유입책이 필요하였던 것이다.

결국 이러한 복합적인 이유로 인해 많은 한인은 열악한 열차의 화물칸에서 죽음과 공포에 떨며 어렵게 도착한 낯선 곳에서 새로운 삶이 시작되었다. 이러한 민족적 차원의 비극적 성격에도 불구하고 그들의 뛰어난 역량으로 인하여 현재 한국의 유라시아 정책과 관련되어 강력한 네트워크 구축의 중심 역할을 할 수 있는 기반을 마련했다고도 볼 수 있다.

AKTAU
악타우

카자흐스탄 서부의 망기스타우(Mangystau)주의 주도이며, 카스피해 연안에 있는 유일한 해양 도시로 카스피해를 따라 길게 뻗은 해변과 독특한 바위 지형이 어우러져 휴양지로도 유명하다. '악타우'는 카자흐어로 '하얀 산'을 의미하며, 인근 석회암 절벽 지형에서 유래되었다고 한다. 현재 석유와 가스 산업의 중심지로서 카자흐스탄 경제에 중요한 역할을 하고 있을 뿐만 아니라, '카스피해의 진주'로 불릴 만큼 주변에는 보즈지라, 쉐르칼라, 키질쿱 등 초현실적인 자연경관을 자랑하는 곳이 많아 카자흐스탄 서부 관광지로 거듭나고 있다.

Aktau IN & OUT
악타우 드나들기

우리에게는 아직 낯선 이곳은 카스피해 연안 카자흐스탄의 서쪽 끝에 있어 수도인 아스타나 또는 알마티, 쉼켄트를 경유해야만 갈 수 있는 곳이다. 알마티에서 비행기로 3시간 소요된다. 악타우 공항은 시내에서 북서쪽으로 약 25km 떨어져 있으며 시내까지는 택시의 경우 약 30분 소요되며 비용은 2,000텡게 내외이다. 악타우까지는 여행의 목적에 따라 우리나라에서는 경험할 수 없는 장거리 열차 여행을 체험해 볼 수 있는 구간이기도 하다. 단, 열차 예약 시 목적지가 악타우가 아니라 망기스타우(Mangistau)로 해야 하며, 망기스타우 역 도착 후 악타우 시내까지는 버스 또는 택시를 이용해야 한다. 장거리 열차인 만큼 좌석은 4인실을 선택하는 게 좋다.

알마티 23:40 - 망기스타우 06:13(+3일)   소요시간 2일 6시간 33분
망기스타우 08:30 - 알마티 16:16(+2일)   소요시간 2일 7시간 46분
예약 https://bilet.railways.kz 또는 https://tickets.kz

● TRAVEL TO MANGISTAU
https://traveltomangistau.kz

사실 악타우를 방문하는 목적은 휴식보다는 근교에 장엄하게 펼쳐진 자연경관을 탐험하고 즐기는 것이기에 현지 투어가 필수적이다. TRAVEL TO MANGISTAU는 1~8일 일정의 Jeep Tour 프로그램을 운영하는 회사로 특히 1일 투어에 다양한 일정의 상품을 운용하고 있다. 문의 및 예약은 홈페이지 또는 WhatsApp을 통해서 가능하다.

● MANGYSTAU_SAFARI
@mangystau_safari

또한 MANGYSTAU_SAFARI는 다양한 1일 투어 프로그램을 운영하는 회사로 인스타그램을 통해 투어 정보를 소개하고 있다. 다른 투어 회사에 비해 조금 저렴한 편이다.

악타우 이모저모

Tetysblu 테마 파크

쇼핑몰 "Aktau"

철갑상어 수족관

망기스타우 민속 박물관

전통 레스토랑 "BOZJYRA"

해안 공원

Adventure tour of Mangystau

보즈지라
Bozjyra

이곳은 카자흐스탄에서도 가장 인기 있는 관광지 중 하나로 망기스타우 지역의 상징물이며, 독특한 지구 밖의 풍경으로 유명하다. 이 협곡은 선사 시대 테티스해의 바닥이었던 우스튜르트고원에 자리 잡고 있으며 거대한 절벽 아래에는 아직도 고대 생물들의 화석이 남아 있다고 한다.
햇빛 각도와 방문 시간대에 따라 흰색, 노란색, 연분홍빛으로 변하며, 일출,일몰에 특히 장관을 이룬다

쉐르칼라
Sherkala

이 기이한 형태의 산은 산악 지대인 카라다우 계곡이 형성될 당시 바다 깊은 곳에서 땅이 솟아오르면서 형성된 거대한 퇴적물로 알려져 있다. 한쪽에서 보면 거대한 유르트처럼 보이며 반대편에서 보면 잠자는 사자처럼 보인다. 쉐르칼라는 '사자의 산'이라는 뜻이라고 한다.

키질쿱 티라미수 계곡
Kyzylkup

마치 디저트로 잘 알려진 티라미수와 같다하여 티라미수 계곡으로 불리는 곳으로 많은 사진작가들이 찾는 곳 중 하나이다.

토리쉬, 공의 계곡
Torysh, The Valley of Balls

토리쉬 지역에 있는 공의 계곡은 망기스타우에서 신비로운 장소 중 하나이다. 수 킬로미터에 달하는 지역에 흩어져 있는 돌덩어리들을 보면 신비스럽기까지하다. 과학자들은 250년 동안 모래와 점토 같은 퇴적암으로 이루어진 다양한 크기와 색깔의 공의 형성 원인을 규명하기 위해 노력했지만, 그 원인은 아직 밝혀지지 않았다고 한다.

KAZAKHSTAN PLAN

카자흐스탄 여행 준비

카자흐스탄 여행을 준비함에 있어 각종 서류 준비부터 항공권 예약, 환전, 현지 심카드 구입 등 꼭 필요한 정보를 비롯해 출입국 안내와 준비물 및 현지 경비 예산 세우기 그리고 기본적인 현지 언어까지 출발 전 알아두면 좋을 내용들을 소개한다.

Travel Style

🔍 여행 스타일

진정한 여행은 혼자 여행하는 것이라는 어느 여행 전문가의 말이 있지만 일반인들에게 그리 쉽지만은 않다. 여행은 목적지, 연령, 체력 등 여러가지를 고려해 본인에 맞는 스타일을 선택해야 한다. 1989년 여행자유화가 시작되어 30년의 세월이 흐른 지금, 여행의 목적 및 여행의 패턴도 그만큼 다양해졌다. 아직까지 중장년층에게는 여전히 패키지 상품이, 그리고 20, 30대의 젊은층의 경우 패키지가 아닌 자유여행이 자리잡아 가고 있다. 여행을 계획함에 있어 다양한 여행 스타일을 알아보고 나에게 맞는 것을 잘 선택하여 후회 없는 여행이 되도록 하자.

패키지

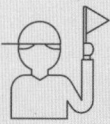

동일한 날에 정해진 프로그램에 따라 일정 인원 이상이 가이드와 함께 여행하는 것으로 일반 여행사에서 판매하는 여행 상품이 여기에 속한다. 모든 일정이 짜여져 있기 때문에 개인 행동이 제한되며 일부 쇼핑센터 방문과 옵션이 요구되기도 한다. 하지만 준비 기간 없이 가볍게 떠날 수 있으며, 전용 차량으로 움직여 짧은 시간에 많은 관광지를 돌아 볼 수 있고, 가이드의 관광지 설명을 들을 수 있는 장점이 있다. 현재 카자흐스탄 패키지 상품을 판매하는 곳으로는 하나투어, 모두투어, 참좋은여행, 노랑풍선 등 일부 대형 패키지 여행사와 몇몇 소규모 지역 전문 여행사들이 있다.

세미 패키지 또는 단체 배낭

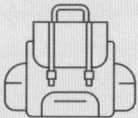

세미 패키지와 단체 배낭은 동일한 날에 정해진 프로그램에 따라 여행한다는 점에서 패키지와 비슷하지만 단체 배낭의 경우 현지 가이드 대신 인솔자(투어컨덕터 TC)가 출발부터 동행을 하며 호텔 찾아가기, 도시간 이동, 도시별 오리엔테이션, 위급사항 시 대처 등의 도우미 역할을 한다. 그 외에 현지 도시 내에서의 일정은 자유 일정이며 한 팀의 출발 인원은 최소 10명 이상인 경우에 가능한 형태이다. 세미 패키지는 패키지와 단체 배낭의 중간 형태로 필요에 따라 차량, 현지 가이드가 제공된다. 최근 여행의 트랜드가 변화하면서 짜여진 일정에 얽매이기 보다는 자유시간을 선호하는 여행객의 증가로 앞으로는 자유여행과 함께 가장 많이 선택할 수 있는 형태이나.

자유여행

항공권 구입부터 숙박 예약은 물론 모든 것을 본인이 스스로 철저히 준비해서 떠나는 여행의 형태이다. 출발 전 세부 일정을 정하지 않고 현지에서도 자유롭게 일정을 변경할 수 있다는 장점이 있는 반면 오랜 준비 기간이 필요하며 잘못하면 현지에서 우왕좌왕 하거나 예상치 못한 일로 낭패를 볼 수도 있다. 현지에서의 시행착오를 사전에 예방하기 위해서는 출발 전에 모든 예상 가능한 상황들을 염두해두고 철저히 준비하는 것이 좋다. 카자흐스탄은 천편일률적인 패키지 상품보다는 현지에서 자유롭게 여유로운 시간을 보낼 수 있는 자유여행 형태가 적합해 보인다.

카자흐스탄 여행자를 위한 궁금증 FAQ

여행 시 가장 좋은 계절은 언제인가요?
광활한 영토의 카자흐스탄은 지역별로 기후 차이가 커 여행하기 가장 좋은 계절이 다르다. 일반적으로 3월부터 10월까지가 여행하기 좋은 시기이지만 남서쪽에 있는 제3의 도시 쉼켄트의 경우 7, 8월은 피하는 게 좋으며 특히 수도인 아스타나의 경우 한겨울인 1, 2월은 피하는 게 좋다. 최대 도시인 알마티의 경우 한겨울에는 춥고 눈이 많이 내려 이 시기만 피한다면 어느 시기에 가더라도 여행하기 좋은 곳이다. 여행의 목적에 따라 그 시기와 장소를 잘 선택해야 할 필요가 있다.

어느 정도의 일정이 좋은가요?
카자흐스탄은 인천공항에서 알마티, 아스타나, 쉼켄트로의 직항이 있어 다양한 일정이 가능하다. 알마티의 경우 짧게는 3박 5일의 일정부터 주변 국가인 키르기스스탄과 우즈베키스탄을 포함한다면 한 달 이상의 일정이 필요할 수 있는 곳이다. 카자흐스탄만을 여행한다고 하더라도 알마티와 알마티주를 벗어나 다른 도시로의 일정이라면 최소한 7일 이상의 시간이 필요하다.

치안 상태는 어떤가요?
여행지에서 일어날 수 있는 일반적인 상황만을 놓고 말한다면 아직은 '매우 안전한 편'이라고 말할 수 있다. 카자흐스탄은 중앙아시아 국가 중에서도 비교적 정치적으로 안정적이며 치안이 양호한 편으로 평가받고 있다. 또한 수도인 아스타나와 최대 상업 도시인 알마티를 포함한 주요 도시는 관광객을 위한 인프라가 잘 갖춰져 있으며, 다민족 국가답게 외국인에 대한 태도가 매우 우호적이다. 그러나 여행 시 안전이 최우선이기에 야간에 인적이 드문 골목이나 외곽 지역 여행 시에는 항상 방심하지 않는 마음가짐이 필요하다.

현지 언어를 사용한다고 하는데 여행하기 어렵지 않나요?
카자흐스탄은 카자흐어와 러시아어를 공식 언어로 사용하는 나라이다. 대부분의 행정 및 공식 문서는 카자흐어와 러시아어로 되어 있으며, 일상생활에서는 러시아어 사용 비중이 더 높은 편이다. 관광지 내의 호텔을 비롯해 레스토랑에서는 영어로도 의사소통이 가능한 경우도 많아 언어 장벽은 있지만 여행을 불가능하게 만들 정도는 아니다. 번역 앱을 설치해 두면 간판이나 메뉴도 쉽게 이해할 수 있다. 의사소통의 어려움은 그들의 친절함을 경험해 본다면 그리 큰 문제가 아니라는 사실을 깨닫게 될 것이다.

현지 교통편 예약이 가능한가요?
카자흐스탄에서 도시 간 이동의 경우 열차 또는 버스 예약 및 구매가 인터넷으로도 가능하다. 시내 교통의 경우 택시는 Yandex go라는 택시 앱을 이용하면 매우 편리하며, Yandex Maps 앱을 이용하면 버스 노선도를 확인할 수 있다. 하지만 주요 근교 관광지로의 여행 시에는 일반 대중교통편이 없어 투어 회사의 프로그램을 이용해야 하는 경우가 많으니 미리 해당 투어 회사의 연락처를 잘 기록해 두도록 하자.

렌터카 여행도 가능한가요?
넓은 국토와 장대한 자연 경관을 자랑하는 카자흐스탄은 렌터카 여행이 효과적일 수도 있다. 특히 협곡, 호수 등 대중교통으로 접근하기 어려운 외곽 지역 방문 시에는 매우 유용하다. 유류비가 저렴한 편이며 우리나라와 교통 체계도 비슷해 큰 어려움이 없다. 글로벌 렌터카 회사의 경우 출발 전 국내에서도 예약할 수 있으며 주요 도시의 공항과 도심에서 현지 렌터카 업체 이용도 가능하다. 대도시 주변 도로는 양호한 편이지만 외곽으로 나가면 비포장 또는 노면 상태가 좋지 않은 경우가 있으니 SUV 차량을 선택하도록 하자. 간혹 교통경찰의 단속에서 의사소통의 어려움으로 곤란을 겪는 일이 발생할 수도 있으니 안전 수칙을 잘 지키는 게 중요하다.

여자 혼자 여행 가도 될까요?
알마티, 아스타나 등 대도시의 경우 혼자 여행하는 여행객을 자주 볼 수 있다. 일반적으로 치안이 좋은 편이며 외국인 여성에게 위협적인 분위기는 적은 편이다. 하지만 카자흐스탄은 이슬람과 러시아 문화가 혼합된 사회로, 도시에서는 비교적 개방적이지만 시골 지역은 다소 보수적일 수 있으니 여름철 노출이 심한 옷차림을 삼가자. 특히 종교 시설 방문 시에는 옷차림에 유의하자. 외국인에게 친절한 편이지만 지나친 관심을 보이는 사람은 주의하도록 하자.

Travel Preparation

🔍 자유여행의 준비 과정

'아는만큼 보인다'라는 말은 여행에서 불변의 진리로 통한다. 특히나 자유여행의 경우 더더욱 그러하기 때문에 여행의 질과 만족도를 높이려면 출발 전에 많은 준비가 필요하다. 실제 여행 기간보다 훨씬 오랜 시간의 준비 과정을 거쳐야 하는데, 이를 번거롭게 여기기보다는 여행의 기대와 셀렘을 높여주는 즐거운 과정이라 생각하고 투자하자.

D-90
여행지 선정 및 항공권 예약

세계는 넓고 갈 곳은 많다. 그중에서 여행지를 선택하는 과정에는 여러 요인이 있을 수 있는데, 계절과 날씨 그리고 나의 여행 성향(휴양형 또는 관광형)과 목적 등이 있을 수 있다. 남들이 다 가니까 간다는 식보다는 그동안의 간접경험(TV, 서적, 인터넷 등)을 통해 얻은 지식으로 나만의 특별한 여행을 만들 수 있는 곳을 찾는 것이 매우 중요하다. 여행 목적지가 정해졌다면 바로 항공권 예약을 해야한다. 갑작스럽게 여행 계획이 잡힌 경우가 아니라면 항공권은 하루라도 빨리 예약하는 것이 좋다. 항공권 예약은 세부 일정이 정해져 있지 않더라도 출발/도착 날짜와 인/아웃 도시만 정해져 있다면 가능하다. 또한 해외여행이 처음이라도 여권 없이 우선 예약도 가능하다. 단, 예약 시의 영문 이름과 동일하게 여권을 만들어야 한다. 항공사와 항공권 종류에 따라 출발일 기준으로 정해진 날짜까지 발권(구입)해야하는 경우도 있지만 저렴한 항공권일수록 예약 시점에서 2~3일 내로 발권(구입)을 해야하는 경우가 많다. 대개의 경우 발권 후에는 변경, 환불의 경우 많은 수수료가 발생하므로 발권 전에 충분히 조건을 숙지해두어야 한다. 짧은 여행일수록 인/아웃 도시의 결정은 매우 중요하다.

D-60
정보 수집 및 일정 짜기

출발일과 여행 기간이 정해졌다면 이제 현지에서의 구체적인 세부 일정에 대한 준비를 하자. 타 국가도 마찬가지이지만 깊이 있는 여행을 위해서는 그 나라의 역사와 문화의 이해가 선행되어야 한다. 관련 도서와 인터넷 등을 통해 수집하고 공부하자. 아울러 방송매체의 디큐멘더리나 여행지가 나오는 탐방 프로그램 및 영화 등을 통한 간접 경험은 많은 도움이 된다. 인터넷 검색 시에는 가능한 세부 키워드까지 검색해야 더욱더 좋은 정보를 얻을 수 있다. 대부분의 사람들은 제한된 기간 내에 너무 많은 것을 보려고 무리하게 일정을 잡는 경우가 많은데 일정 짜기에서는 아주 중요한 포인트만 여유롭게 해놓는 것이 좋다. 왜냐하면 현지에 가면 의도치 않은 일들이 벌어지기 때문인데, 많은 것을 보려고 꼼꼼히 준비했음에도 불구하고 현지에서 여행 일정을 다 소화하지 못할 경우 초조함으로 무리할 수 있다. 반면 여유로운 일정인 경우 상대적으로 더 많은 것을 경험했다는 만족감을 얻을 수 있다. 그렇지만 준비 과정에서는 가능한 한 많은 정보 수집과 학습은 분명 필요하다.

D-45
숙소 예약

본인의 여행 스타일과 주머니 사정을 고려하여 예약한다. 예전과 달리 현재 카자흐스탄의 주요 도시에는 호텔, 호스텔, 게스트하우스 등이 잘 갖추어져 있어 그만큼 선택이 폭이 넓다. 자유여행자에게는 무엇보다도 숙소의 위치가 가장 중요함을 명심하자. 현지 일정에 유동성이 있는 자유여행자의 경우 도시별로 3~4개의 예상 가능한 곳을 미리 메모해 두고 위치 등을 꼭 확인해 둘 필요가 있다.

D-30
각종 서류 준비

해외에서 신분증 역할을 하는 가장 기본인 여권 발급부터 국제학생증, 필요하다면 국제운전면허증 등을 미리 미리 준비 한다. 물론 여행자보험에 가입하는 것도 잊지 말자.

D-7
준비물 체크 및 환전

여행 준비물을 생각 없이 챙기다 보면 사실 현지에 갖고 가서는 전혀 사용하지 않는 것들이 의외로 많다. 현지 사정에 맞게 사전 조사를 충분히 한 후, 준비물 체크리스트를 만들어 미리 미리 준비하도록 한다. 자유여행이 아닌 여행사의 상품을 이용하는 경우에는 여행사에서 진행하는 오리엔테이션에 꼭 참석하여 준비사항 및 여행 일정에 대한 안내를 받도록 하자. 카자흐스탄은 자국의 화폐를 사용한다. 하지만 국내에서는 환전이 되지 않으니 미국달러 또는 유로화를 준비한다. 인천공항에 있는 은행 환전소보다 시내은행의 환율이 더 좋으니 출발 2~3일 전에 해두도록 한다.

D-Day
출발

출발 전에는 잠을 설치게 마련이니 사전에 미리 공항가는 방법을 알아 두고 적어도 출발 3시간 전 공항에 도착하도록 한다.

Airline Ticket

🔍 항공권 구입하기

여행 기간이 짧을수록 항공료가 차지하는 부분이 커지게 마련이다. 항공권의 요금 체계는 너무나도 복잡하고 다양하기 때문에 일반인들이 이해하기 어려운 부분이 많다. 항공사들은 탑승률을 높여 이익을 극대화하기 위해 다양한 할인 요금을 제시하고 있으니 이를 잘 이해하고 활용한다면 좀 더 저렴한 항공권을 구입할 수 있다.

할인 조건의 이해

우리가 일반적으로 알고 있거나 여행사에서 제시해주는 항공권은 모두가 할인 항공권이다. 아주 특별한 경우 외에는 정상 요금을 사용하는 일이 거의 없다. 할인율은 승객의 나이나 신분 및 유효기간, 도중 경유 횟수 등에 따라 적용된다.

단체 할인
단체 할인 항공권이란, 보통 2인/4인/10인 이상의 구성원이 왕복 여정을 함께 여행하는 경우를 말한다.

유효기간에 따른 할인
항공권에는 최소 체류 기간과 최대 체류 기간의 유효기간이 있는데, 할인을 받는 항공권들은 이런 유효기간들의 제한을 받는다. 정상 가격의 항공권의 최대 체류 기간은 1년이지만, 할인된 항공권들의 최대 체류 기간은 7일/21일/1개월/3개월/6개월 등으로 짧은 편이다. 반면, 할인 항공권들은 현지에 최소한 머물러야 하는 일수를 정해놓고 있는데, 지정된 기간안에는 귀국할 수 없는 최소 체류 기간제도 있다.

부킹 클래스별 할인
항공사는 일등석, 이등석, 일반석의 좌석별로 요금을 운영하고 있으며, 같은 일반석의 경우라도, 예약 클래스에 따라서 요금을 달리 운영하고 있다. 예약 클래스 안에 항공권 유효기간, 구입기간, 출발기간 등의 모든 할인 사항이 압축되어 있다.

출발 시기별 할인
항공 운임은 1년 중 여름/겨울 성수기와 그 외의 시즌인 비수기 및 준성수기로 나뉘어 운영한다. 여름/겨울방학이나 휴가 시즌은 1년 중 가장 항공 요금이 비싸고, 할인 정책도 거의 없지만 그 외의 비수기 시즌은 다양한 할인율을 적용하여 항공권을 판매한다.

항공권 (Electronic-Ticket)

e-ticket으로 불리는 전자항공권은 여행 일정 등을 포함한 여행자의 모든 정보를 항공사의 데이터베이스에 저장한 후 전산으로 관리하는 시스템으로, 항공권 분실 부담도 없고, 체크인 절차도 단축시킬 수 있어 매우 편리하다. 우리나라는 2006년 도입 후 순차적으로 시행되어 현재는 전 항공사가 전자항공권으로 발행한다.

항공권 구입 시 유의사항
항공권은 여권상의 영문 이름과 동일하게 구입해야 하며, 이름이 다를 경우 비행기 탑승이 거절될 수 있다. 기본적으로 직항으로 가는 것보다 여러 지역을 경유하는 항공권이 더 저렴한 경우가 많지만, 경유지의 공항세가 추가되기 때문에 직항편보다 세금이 더 비싼 경우도 있다. 따라서 최종적인 항공 요금을 비교한 후 구입해야 한다.

항공권의 규정
항공권은 출발 및 구입 시기, 유효기간, 환불 여부 및 출귀국 날짜 변경, 귀국 지역 변경에 따라서 다양한 규정이 있으며, 이 규정에 따라 항공 요금도 차이가 있다. 할인 항공권들의 경우 요금이 저렴한만큼 위의 규정이 엄격하게 적용되고, 정상 요금의 항공권들은 비싼만큼 규정의 제약이 덜하기 때문에, 무조건 저렴한 요금의 항공권을 구입하는 것보다는 자신의 여행 일정에 맞는 항공권을 구입하는 것이 중요하다.

항공권 출발 및 구입 시기
1년 중 성수기 비수기 시즌에 따라 가격 차이가 나지만, 출발일 기준 언제 구입하는지에 따라서 할인율이 적용될 수 있다.

항공권 유효기간
항공권은 최대 현지에서 체류할 수 있는 기간이 7일~1년까지 다르게 적용되며, 보통 할인이 많이 된 항공권일수록 최대 체류할 수 있는 유효기간이 짧다.

환불 규정
항공권을 구입한 후, 부득이한 사정으로 출발 전 취소 하거나 출발 후 귀국편을 이용하지 않게 될 경우 환불을 하게 되는데, 이 경우 구입 당시 할인 정도에 따라서, 환불 여부가 정해져 있다. 일반적으로 할인이 많이 된 항공권일수록 환불 금액이 적으므로 항공권 구입 시 이 부분을 명확하게 확인 후 구입해야 한다.

날짜 및 귀국지 변경
여행 일정이 변경되어 구입 시 지정한 귀국 날짜나, 지역을 변경해야 할 경우가 있는데, 모든 항공권이 변경할 수 있는 것은 아니다. 구입한 항공 요금의 규정에 따라 변경이 가능하거나, 불가한 항공권들이 있으니 이 부분도 명확히 확인 후 구입해야 한다.

항공사 선택

카자흐스탄의 경우 현재 인천공항에서 알마티, 아스타나, 쉼켄트로 직항편이 있다. 특히 알마티의 경우 카자흐스탄 국적기인 에어아스타나와 아시아나항공 그리고 이스타항공이 취항하고 있어 편리하다. 전체적인 여행의 일정을 고려해서 항공사 선택을 하는 게 중요하다.

Identification

🔍 신분증과 증명서

해외에서 자신의 신분을 증명할 수 있는 여권을 비롯 상황에 따라 국제학생증과
운전면허증이 필요할 수 있으며 여행자보험 가입은 필수이다.
방문하는 국가의 비자 유무도 꼭 확인하자.

여권

여권은 해외에서 나의 신분을 증명할 수 있는 유일한 수단이다. 공항에서 탑승 수속 시 그리고 출입국심사 시는 물론 현지에서 환전이나 호텔 및 호스텔 체크인 시 반드시 필요하다. 여행 중 여권을 분실하거나 도난을 당한다면 정상적인 일정을 소화할 수 없으므로 잘 보관하자.

한눈에 보는 전자여권 발급 절차

여권용 사진 촬영 3.5cm X 4.5cm (6개월 이내 촬영한 사진 1매)

여권 발급 지자체 방문(구청, 시청, 도청의 여권과 / 신분증 지참 필수)

여권 발급 신청서 작성(접수처 및 PDF 다운로드 가능)

지문등록 (본인 확인)

여권 서류 심사 (신원조사)

여권 발급 완료 (등기 및 직접 수령)

발급 수수료

	구 분		면 수	전자여권
전자여권	복수여권	10년	58면	50,000원
			26면	47,000원
	단수여권	1년		15,000원

※ 외교부 여권 안내 홈페이지 : www.passport.go.kr

국제학생증 ISIC, ISEC

국제학생증을 일컫는 ISIC는 International Student Identity Card의 줄임말로 말 그대로 자신이 학생임을 국제적으로 증명하는 카드이다. 카자흐스탄을 비롯 중앙아시아에서도 일부 박물관, 미술관 등의 입장료가 할인된다. 영문으로 표기된 학교 학생증도 인정해 주는 곳이 있지만 국제적으로 공인된 학생증은 ISIC와 ISEC (International Students & Youth Exchange Card) 두 종류가 있다. 이 지역에서는 ISIC가 더 유용하다. 신청은 온라인으로 가능하며, 만일 재학 중인 학교가 ISIC 발급 제휴 대학이라면 학교에서 안내에 따라 발급받을 수도 있다.

ISIC www.isic.co.kr
전국 168개 대학 캠퍼스와 한국국제학생교류회 그리고 KISES 홈페이지에서 신청 가능 / 비용 : 유효기간 1년 17,000원 / 2년 34,000원

ISEC www.isecard.co.kr
국제학생교류센터로 공인 발급 대리점, 우리은행에서 발급해주며 온라인 신청도 가능
비용 : 유효기간 1년 15,000원 / 2년 25,000원

국제교사증 ITIC

학생들을 위한 국제학생증처럼 교사들을 위한 국제교사증은 교사임을 증명하는 카드다. 국제교사증은 교육과 관련된 박물관이나 미술관 등의 입장료가 할인되는데 국제학생증만 할인되는 곳도 있다. 신청 시에는 학교명이 표기된 교사 공무원증 또는 재직증명서로 신분을 증명해야 한다.
www.itic.co.kr (ISIC 홈페이지에서도 신청 가능)
비용 : 유효기간 1년 17,000원 / 2년 34,000원

국제운전면허증

여행 일정에 렌터카 운전이 포함되어 있다면 국제운전면허증 발급은 필수다. 참고로 해외에서 국제운전면허증으로 운전할 경우 한국면허증과 여권을 동시에 지참해야 한다. 이를 어길 경우 무면허 운전으로 처벌받을 수도 있다. 발급은 전국 운전면허시험장이나 경찰서, 지방자치단체 217개소에서 가능하다. 여권 발급 신청 시 국제운전면허증도 동시에 발급신청할 수 있다.

도로교통공단 운전면허서비스 dl.koroad.or.kr
준비물 : 본인 여권, 운전면허증, 6개월 이내 촬영한 3.5cm X 4.5cm 사진 1매
유효기간 : 발급일로부터 1년 / 비용 : 8,500원

비자 & 통관 규정

비자란 국가 간 이동 시 입국을 허가하는 사증을 말한다. 한국 국민은 관광 등의 목적으로 카자흐스탄을 방문할 경우 비자 없이 1회 최대 30일간 체류할 수 있다. (*여러 번 입국하는 경우 체류 기간을 합산하여, 180일 기간 내 최대 60일 체류가 가능)

＊ 무비자 방문 기간 초과 시 불법체류에 대해 벌금, 입국 규제 등 처벌을 받을 수 있다.

카자흐스탄 입국 시 최대 10,000달러까지 소지가 가능하며, 그 이상 소지하면 출입국 시 세관 신고를 하여야 한다.

여행자보험 가입

여행 중 발생할 수 있는 사고나 도난에 대비해 가입하는 보험이다. 비용이 크지 않으니 만약의 경우를 대비해 가입하는 것이 좋다. 여행 중의 불의의 사고나 식중독 등의 질병, 휴대품 도난 등 예기치 못한 상황이 발생했을 경우 유용하다. 도난의 경우에는 현지 경찰서에서 도난증명서(Police Report)를 발급받아야 귀국 후 보상받는다. 현금과 같은 유가증권은 보상받을 수 없다. 여행자보험 가입은 보상액이나 조건에 따라 다양한 가격이 있으니 꼼꼼히 따져보고 선택하자.

Accommodation

🔍 숙소 예약하기

개별 자유 여행객은 호텔, 호스텔, 게스트하우스 등 다양한 형태의 숙박 시설을 자신의 예산에 맞춰 선택 할 수 있다. 우리와 다른 국가의 여행자와는 여행 스타일이 다를 수 있으니 아무리 좋은 평점에 저렴한 숙소라 하더라도 자유여행의 특성상 위치를 최우선적으로 고려해야 할 것이다.

호텔

카자흐스탄의 주요 대도시에는 럭셔리 5성급 호텔부터 작은 규모의 호텔들까지 잘 갖추어져 있다. 현지 물가를 고려하면 호텔비가 다소 비싸다고 느껴질 수 있지만 성수기를 피한다면 가성비 좋은 호텔들도 많은 편이다. 특히 5성급 호텔의 경우 호텔 내에 가성비 좋은 레스토랑들이 많아 식당 선택의 고민을 해결해 주기도 한다. 그래서 호텔 선택 시 가급적 어느 정도 규모가 있는 호텔을 선택하는 것이 바람직하다. 호텔 등급은 국제 기준과 다소 차이가 있을 수 있으니 별 개수보다는 이용객의 후기가 선택에 도움이 된다. 소도시의 경우 선택이 폭이 넓지 않으니 미리 이점을 염두에 두자.

호스텔 및 게스트하우스

젊은 자유 여행자들이 주로 이용하는 호스텔은 다른 유럽 국가들과 비교하면 그리 많지 않으며 그나마 알마티와 아스타나를 제외하면 주인이 운영하는 소규모 호텔이나 게스트 하우스가 대부분이다. 이러한 호스텔 또는 게스트 하우스 선택 시에는 위생 상태는 물론 샤워, 세탁 등 편의시설 확인은 필수이며 특히 객실 내 와이파이 품질 여부도 기존 투숙객의 리뷰를 통해 꼭 확인하도록 하자. 카자흐스탄의 전통 가옥인 유르트에서의 하룻밤은 또 다른 추억을 만들 수 있는 새로운 경험이기도 하다.

Travel Expenses

여행 경비

여행을 준비하면서 목적지와 여행 일정을 결정하는데 가장 큰 비중을 차지 하는 것이 여행 경비이다. 어렵게 계획을 세웠다 하더라도 경비의 부담으로 원하는 일정을 소화하지 못한다면 여행의 만족도가 크게 떨어질 수 있으니 여행 계획 단계부터 꼼꼼하게 준비해 불필요한 지출을 줄이고 효율적인 지출 계획을 세워야 한다.

출발 전 경비

여행 경비 중 가장 큰 비중을 차지하는 항공권 비용을 줄이는 방법이야말로 경비를 줄 일 수 있는 방법이다. 항공권의 경우 항공권을 구입하는 시기와 종류에 따라 차이가 크니 전문가의 도움을 받아 최적의 항공권을 구하도록 하자.

항목	내용	경비
항공권	항공사 및 출발 시기, 조건에 따라 차이가 많다	50~80만 원
숙소	숙박 형태 및 숙소의 위치, 시설에 따라 가격 차가 크다.	게스트하우스(도미토리 기준 2~3만 원 / 호텔 5~10만 원/ 1일 1인 기준)
여권	일반/복수여권 신규 발급 시	인지대 53,000원(58면)
국제학생증	학생인 경우 ISIC 필수	17,000원
여행자보험	여행 기간과 보상 정도에 따라 다르다	2~3만 원

여행 중 현지 경비

현지 여행 중 경비는 여행 일정과 성향에 따라 개인차가 클 수 밖에 없다. 무조건 비싼 여행이 좋은 것만은 아니지만 그렇다고 무조건 적은 경비로 다녀오는 것도 좋은 것은 아니다. 비싼 항공료를 지불하고 어렵게 마련한 시간이기 때문에 소기의 여행 목적을 달성하고 후회 없는 여행이 되기 위해서는 어느 정도는 비용 지출을 감수해야 한다. 예를들어 비싼 입장료를 아끼기 위해 밖에서 건물만 보고 오는 것은 대표적인 실수이자 큰 손해다. 다만, 효율적으로 계획해서 원하는 것은 충족하되 경제적으로 비용을 지출하는 것이 중요하다. 현지에서 사용하는 비용은 사전에 준비를 잘한다면 아낄 수 있는 부분이 많이 있기 마련이다. 여행 기간과 일정에 따라 크게 다르기 때문에 여행 중 경비를 일률적으로 산출하기는 매우 어렵지만, 기본적인 현지 물가 정도를 파악하는 수준으로 이해하면 좋을 듯 하다.

항목	내용	비용
교통비	다른 물가에 비해 대중교통비(택시 포함)는 저렴한 편이다. 시내 교통 외에 근교 여행 또는 다른 도시로의 여행인 경우는 별도로 책정해 둬야 한다.	3,000원/1일
입장료	주로 박물관 입장료가 대부분이다(성인 기준).	1회 평균 5천 원
식비	어디서 무엇을 먹느냐에 따라 큰 차이가 난다.	일반 음식점 5,000원~1만 원 고급 레스토랑 15,000원~2만 원
기타	음료 및 간식 등 소소한 비용도 염두해 두자.	5,000원/1일

Packing for your trip

🔍 짐 꾸리기

짐 꾸리기를 시작했다면 이미 여행을 시작했다고 봐야 한다.
집 떠나면 고생이라는 말이 있듯이 혹자는 이때가 가장 설레이는 순간이라고 한다.
짐은 필요한 것들로만 가볍게 하는 것이 제일 중요하다. 그리고 출발 하루 전에 모두 준비하겠다는 생각은 금물이다.
아무리 바빠도 2~3일 전부터 체크 리스트를 만들어 차근차근 준비할 것을 당부한다.

  가방 선택

짐을 꾸리면서 가장 고민되는 순간이 어떤 크기의 어떤 가방을 선택하냐 할 때이다. 배낭여행이라고 해서 꼭 배낭을 준비할 필요는 없다. 배낭과 캐리어의 장단점이 있으니 어느 하나가 있다면 굳이 새로 살 필요는 없다. 다만 개인적으로는 10일 이내의 짧은 여행이라면 캐리어를 권하는 편이다. 적당한 캐리어에 매일 소지품을 갖고 다닐 수 있는 작은 배낭 또는 옆으로 메는 가방 하나를 준비하도록 하자.

배낭
젊은 배낭여행자들의 숙소인 호스텔에 가보면 대부분 외국 여행자들은 캐리어 보다는 배낭을 선호하는 걸 알 수 있다. 하지만 이는 서양인들과의 신체적 구조의 차이도 있고 여행 기간에도 차이가 있어 무조건 따를 필요는 없다. 배낭을 이용하면 양손이 자유롭긴 하지만 본인의 체중에 비해 너무 무겁다면 며칠 못 가서 후회할 수도 있다. 또한 매번 여러 곳의 잠금 장치로 번거로울 수도 있다. 배낭을 구입한다면 위에서 꺼내는 것 보다는 옆으로 짐을 꺼낼 수 있는 지퍼식이 좋다.

캐리어
캐리어의 단점은 계단을 이용할 때와 보도블럭 같은 고르지 못한 길을 갈 때이다. 바퀴가 4개 달린 것을 구입하면 힘이 덜 들 수도 있다. 하지만 바퀴가 하나라도 고장이 난다면 난감한 상황에 처하게 되니 구입 시 바퀴 상태를 꼭 확인해야 한다. 또한 본인의 신체 조건에 맞는 크기의 캐리어를 선택해야 함은 물론이다. 그리고 천으로 된 것보다는 자물쇠 기능이 부가된 하드케이스를 구입하는 것이 좋다. 캐리어 자체의 무게도 큰 차이가 있으니 처음부터 고려해야 할 사항 중 하나이기도 하다.

옷

짐을 꾸리다 보면 옷이 차지하는 비중이 가장 클 것이다. 남자의 경우는 덜 하지만 여자의 경우 짐의 80% 이상이 옷으로 가득 찬 경우를 흔히 볼 수 있다. 짐을 꾸렸을 때의 무게는 10Kg 내외가 가장 적당하다. 이 무게를 넘는다면 무조건 옷부터 하나씩 빼도록 하자. 여행 중 멋지게 차려입고 싶은 마음도 있겠지만 패키지 여행이 아닌 이상 너무 많은 짐은 여행을 힘들게 할 수 있다는 것을 명심하자. 또한 너무 튀는 옷차림은 소매치기의 표적이 될 수 있다. 입고 가는 옷 이외에 속옷, 티셔츠, 양말은 3~4벌, 그리고 가디건 또는 점퍼 정도이다.

 세면도구

어떤 숙소에 묵느냐에 따라 준비할 것이 다르다. 호텔에 머무를 예정이라면 기본적인 욕실용품(수건, 비누, 샴푸)은 다 비치 되어 있지만 게스트하우스의 경우에는 모두 다 준비를 해야 한다. 수건은 매일매일 주는 것이 아니기 때문에 여분의 수건을 준비하도록 한다. 그리고 치약, 칫솔은 반드시 준비해야 할 것들이다. 여행용 세면도구 세트를 준비하는 것도 좋다.

 비상약

언어가 안 통하는 곳에서 적절한 약을 구하기란 쉽지 않으니 비상약은 가급적 다양하게 조금씩이라도 준비하도록 한다. 만약 일행이 있다면 종류를 나눠서 준비하면 좋다. 기본적으로 종합감기약, 해열제, 진통제, 지사제, 연고, 일회용밴드 등은 꼭 챙기는 것이 좋다.

 선글라스 / 모자 / 우산

평소에 선글라스 착용을 잘 하지 않더라도 여행 중에는 꼭 준비하는 것이 좋다. 모자 역시 햇빛 차단은 물론 머리를 감지 못하는 상황에서라면 유용하게 사용 할 수 있다. 우산은 계절을 감안하여 준비하되 가급적 부피가 작은 것으로 준비한다. 우산이 번거롭다면 현지에서 구입하거나 일회용 우비를 준비하는 것도 한 방법이다.

 신발

패키지 여행이 아닌 자유 여행의 경우 생각보다 훨씬 많이 걷게 된다. 신발은 무조건 가장 편한 운동화를 선택해야 하며 해외여행이라고 새롭게 신발을 사는 것 보다는 신던 것 중 가장 편한 신발이 제일이다. 여름철이라면 가벼운 스니커스 성노노 쌘샿나. 그리고 간단한 슬리퍼 같은 것은 현지에서도 쉽게 구입 할 수 있으니 너무 여러 종류의 신발을 준비할 필요는 없다. 겨울철이라면 방수가 되는 방한화는 필수이다.

 화장품

화장품은 가급적 적은 용량의 샘플용 정도만으로 준비하자. 여름에는 기온이 올라가도 습하지는 않아 그늘이라면 그렇게 덥지는 않다. 하지만 햇빛이 강함으로 자외선 차단제가 필요하다. 겨울철에도 눈에 반사되는 빛 때문에 준비하는 것이 좋다.

 전대 (여행용 복대)

최근에는 시중에 다양한 종류의 전대(여행용 복대)를 판매하고 있는데 가급적 바지 안쪽에 넣어 보이지 않게끔 할 수 있는 얇은 것이 좋다. 주머니에는 가급적 그날 쓸 정도의 현금만을 보관하고 그 외는 전대에 보관하도록 하자. 여름철에는 가벼운 옷차림으로 땀이 차거나 착용이 불편할 수 있으나 카드나 현금, 더군다나 여권을 분실한다면 여행에 큰 차질이 생기므로 전대 착용을 게을리 하지 말자.

etc 기타 유용한 물품들

휴대폰 사용을 위해서는 여분의 배터리와 충전기 그리고 카메라에 따른 부속품도 잊지 말자. 겨울철 산악 지역으로 여행을 한다면 방한복(털모자, 목도리, 장갑, 방수 기능의 방한화)은 필수! 아울러 미니 핫팩도 유용하게 사용된다. 그 외에 부피가 작은 것으로 면봉, 손톱깎기, 일명 맥가이버칼 등도 없으면 아쉬울 때가 있으니 준비하면 좋다. 또한 다양한 크기의 지퍼백을 준비하면 젖은 물건을 넣거나 물건을 쉽게 찾을 수 있다. 현지 음식만을 먹으면서 여행하기란 쉽지 않다. 튜브 고추장 하나 정도 준비한다면 언제 어디서든 한국 음식의 맛을 살릴 수 있다.

Camera

🔍 카메라 선택과 사진 촬영

미러리스 VS DSLR

카메라를 선택할 때 가장 고민되는 부분이 요즘 주목받고 있는 미러리스 카메라를 살 것인지, 기존의 DSLR 카메라를 구입할지이다. 미러리스 카메라는 소형 디지털 카메라와 DSLR 카메라의 장점을 한데 모아 만든 것으로, 휴대성을 높이고 무게를 줄였지만 결과물은 수준급을 지향하고 있다. DSLR처럼 렌즈를 교환할 수도 있고 특정 브랜드의 마니아층도 생겨났다. DSLR 카메라는 보통 작가용으로 인식되는 경향이 있으나, 보급기로부터 중급기, 전문가용 기기로 나누어져 있어 가격 차이가 크다. 물론 DSLR 카메라의 가장 큰 장점은 고화질의 수준 높은 사진. 하지만 장기간의 여행이라면 카메라의 무게와 부피가 단점이다. 이런저런 장단점이 있지만 어떤 이는 스마트폰 카메라 하나면 그만일지도 모른다. 그래서 사진을 위한 카메라의 선택은 여행자의 몫이다.

렌즈는 무엇을 살까요?

렌즈는 밝기와 화각이 중요하다. 렌즈의 밝기는 F3.5, F5.0과 같이 수치로 표기되는데 이 숫자가 낮을수록 밝은 렌즈라는 뜻. 렌즈가 밝을수록 어두운 곳에서도 선명하게 사진을 찍을 수 있다. 다음은 화각. 유적지나 자연 경관은 크고 넓은 배경이 많아 광각 렌즈가 유리하다. 화각 환산 시 35mm 이하의 광각 폭을 가진 렌즈라면 충분하다.

사진 잘 찍는 법

❶ 빛의 방향을 잘 보자
사진은 빛으로 그리는 그림. 멋진 건물을 찍었는데 어두컴컴하게 나왔다면 역광을 의심하고 노출 정도를 조정하거나 자동 역광 보정 기능을 이용해도 좋다. 인물을 찍을 때 햇빛이 너무 정면으로 비치면 인상을 찌푸릴 수 있으니 45도 방향이 좋다. 카자흐스탄의 멋진 자연 경관을 찍을 때는 해를 등지고 찍으면 실패할 확률이 줄어든다.

❷ 야경을 찍을 때
야간에는 빛의 양이 적어 피사체를 바르게 찍기 힘들다. 삼각대를 사용하는게 가장 좋지만 삼각대 대신 올려 놓을 수 있는 곳을 찾아 타이머를 이용해서 찍어보도록 하자. ISO 감도를 올리거나 야간 모드를 활용해 보는 것도 좋다.

카메라 이것만은 주의하세요

첫째, 비, 물, 모래, 먼지로부터 최대한 보호하기
둘째, 절대 떨어뜨리지 말것. 충격주의!
셋째, 강제 작동 금지! 작동이 안 될 시 배터리부터 체크하기
넷째, 넥스트랩, 핸드스트랩을 이용해 분실 방지하기

Check List

여행 준비물 체크 리스트

구분	준비물	세부 사항	체크 V
필수	여권	잔여 유효기간 6개월 확인, 사본 1매, 여권용 사진 2매	☐
	항공권	예약 사항 확인 및 메모, E-Ticket 출력	☐
	국제학생증	현지 명소 입장 시 할인	☐
	국제운전면허증	여행 중 운전할 때는 대한민국 면허증도 필수 소지	☐
	여행자보험	인터넷 가입 및 공항에서도 가능	☐
	환전	유로화 및 방문국 화폐에 맞춰 환전	☐
	신용카드	VISA, MASTER 등 국제 브랜드로 발급	☐
	국제현금카드	ATM 사용 가능 여부 확인	☐
의류	바람막이	날씨 변화에 대비한 방수 및 방풍 바람막이 혹은 점퍼	☐
	티셔츠	긴소매, 짧은 소매 계절에 따라 선택	☐
	바지	긴바지, 짧은 바지 계절에 따라 선택	☐
	트레이닝복	숙소용 편한 복장	☐
	속옷	야외 활동에 편한 속옷으로 준비	☐
	양말	3~4개 준비, 부족하면 현지에서 구입해도 무방	☐
	단정한 복장	뮤지컬, 오페라, 고급 레스토랑 등 입장 시 필요	☐
위생용품	세면도구	칫솔, 치약, 샴푸, 비누, 샤워타올, 수건 등	☐
	화장품	스킨, 로션, 선크림 등	☐
	위생용품	면봉, 손톱깎이, 빗, 면도기 등	☐
	세면가방	공용 샤워실을 이용할 경우 세면도구를 담아 이동	☐
	여성용품	현지에서도 구입할 수 있지만 기존 사용 제품 준비	☐
카메라	카메라 본체와 렌즈	정상 작동 여부 확인	☐
	카메라 가방	부피가 크지 않으면서 안전한 것으로 선택	☐
	베터리	충전기와 추가 배터리	☐
	메모리카드	포맷 상태 확인 및 추가 메모리카드	☐
상비약	종합감기약	처방전 필요 없이 약국에서 구입	☐
	기타 약	소화제, 진통제, 해열제, 지사제, 밴드, 연고 등	☐
전기	콘센트, 충전기	USB, 핸드폰 충전기	☐
계절	우산, 우비	접이용 우산 및 비닐 우비	☐
	선글라스, 모자	강한 햇볕을 대비한 용품	☐
기타 선택	MP3	음악 감상용	☐
	외장하드, USB	사진 백업용	☐
	시계	손목 시계 및 알람용 시계	☐
개인 선택 추가			☐

Currency Exchange

🔍 환전하기

카자흐스탄의 경우 자국 화폐를 사용할 뿐만 아니라 국내에서는 환전할 수가 없어 미국 달러 또는 유로화로 국내에서 환전 후 현지에서 현지 화폐로 재환전을 해야 한다. 물론 현지 일부 환전소에서는 원화 환전도 가능하지만, 환율이 높지 않으니 되도록 피하는 게 좋다.

여행 출발 전 환전하기

환전은 일정에 따라 자신의 여행 경비를 산출하고 그것에 맞춰 하면 된다. 미국달러와 유로화는 시중은행 어디에서도 환전 가능하지만 조금이라도 환율 우대를 받기 위해서는 주거래 은행을 방문하거나 인터넷 환전을 이용하자. 보통 국제현금카드와 신용카드도 함께 가져가니 너무 많은 금액을 현금으로 가져갈 필요는 없다. 평소 자신의 씀씀이를 고려해 환전할 금액을 정하자.

환전하기 전 나의 성향을 알아볼 것

① 평소 건망증으로 물건을 잘 두고 다니며 여행 중 돈을 잃어버릴 것이 걱정되는 사람은 약간의 현금과 국제현금카드나 신용카드를 준비하자.
② 평소에 물건을 잘 챙기고 돈을 잃어버리는 일이 거의 없으며 신용카드가 있다면 예산 경비의 70·80%는 현금으로 환전하고 현지에서 적절히 신용카드를 사용하자.
③ 위 두 가지를 절충해 현금과 국제현금카드를 준비한 후 추가 사용 시에는 신용카드를 쓰자.

가급적 공항 환전을 피하자

시간이 없거나 미처 은행에서 환전하지 못했을 때 이용하는 공항 환전소. 공항 내에 국내 시중 은행이 운영하는 환전소가 있다. 하지만 공항 내 환전소는 환전 수수료가 높은 편이라 가급적 피하는 것이 좋다. 정확하게 말하자면 공항 내 환전소는 외환 고시 환율에서 환율 우대가 없다는 뜻이다. 다만 공항 환전을 하더라도 손해에 너무 마음을 쓰진 말자. 고액 환전이 아니라면 엄청난 손해는 아니므로 필요한 최소한의 금액만 환전하는 것이 바람직하다. 가장 현명한 방법은 출발 전 미리 시중 은행을 방문하여 환율 우대를 받는 것임을 잊지 말자.

서울역에 방문할 일이 있다면 고려할 서울역 환전센터

서울역에도 환전소가 있다. 시중 3개 은행의 환전소가 영업중이며, 높은 환율 우대로 인기가 많다. 은행마다 환율 우대 적용률이 다르고, 1인당 환전 최고 금액이 정해져 있으니 사전에 확인해 보는 것도 좋다. 서울역 환전센터에서는 현금으로만 환전이 가능하고, 각 환전소의 영업시간 내에 찾아가야 한다. 참고로 환율 우대만을 목적으로 일부러 서울역 환전센터에 들르지는 말자. 고액이 아닌 소액 환전이라면, 우대받은 금액이 고작 서울역까지 이동하는 교통비와 비슷할 수 있다. 따라서 서울역을 들를 일이 있는 사람이 이용하면 가장 좋다.

◆ KB국민은행 서울역 환전센터 : 서울역 지하 2층 공항철도 티켓오피스 앞
◆ 우리은행 서울역 환전센터 : 서울역 2층 대합실 쪽

현지에서 환전하기

국내에서 카자흐스탄 화폐를 환전할 수 없어서 제일 먼저 환전할 수 있는 곳은 알마티 공항일 것이다. 일반적으로 공항 환전소의 환율이 시내보다 좋지 않은 경우가 대부분이다. 알마티 공항 내 환전소도 시내보다 좋지 않지만, 많은 차이를 보이지 않는 편이다. 시내로 이동하기 위해서는 현지 화폐가 필요하니 일단 일부만 환전하도록 하자. 시내의 경우 은행 및 사설 환전소들이 많아 환전하는 데 큰 어려움은 없다. 다만 은행 및 환전소 오픈 시간을 염두에 두자. 사설 환전소의 경우 주말 및 공휴일에도 문을 여는 곳이 많다.

트래블월렛 카드 하나면 OK!

트래블월렛 카드는 카자흐스탄을 비롯해 해외 주요 46개 통화를 실시간 환율로 충전해 전 세계 Visa 가맹점에서 수수료 없이 결제할 수 있는 외화 선불카드이다. 현금보다는 카드가 일상화된 카자흐스탄에서 이 카드를 사용하면 환전을 따로 해야 하는 부담도 없을 뿐 아니라 필요하다면 ATM에서 카드로 필요한 만큼 인출해서 사용할 수 있다. 여행 중 잔돈(동전)이 생기지 않을뿐더러 여행 후 남은 금액도 남김없이 본인의 계좌로 즉시 환급 가능하다. 또한 기존 신용카드에서 발생하는 수수료도 절약할 수 있어 편리하다.

Smart Phone

🔍 스마트폰 준비하기

디지털 기기의 보급으로 해외 여행 트렌드도 많이 변화했다. 그중 대표적인 것이 바로 현지에서 스마트폰을 사용하는 것. 카자흐스탄에서도 대부분 숙소나 카페등 다양한 곳에서 Wi-Fi를 사용할 수 있지만, 한국처럼 데이터 이용 없이는 여전히 불편한 것이 사실이다. 이제 현지 어디에서나 인터넷을 사용하면서, 한국의 지인과 실시간으로 연락할 수 있는 방법에 대해 알아보자.

로밍 Roaming

로밍이란, 가입자의 통신 회사로 이용할 수 없는 지역에서 다른 회사의 망과 설비를 통해 똑같은 서비스를 이용할 수 있도록 만들어 주는 것을 말한다. 쉽게 말하면 카자흐스탄 통신 회사의 설비를 대신 이용하고, 요금을 지불하는 것. 로밍 서비스의 장점은 편리하다는 것이지만 이용 요금은 상상을 초월할 만큼 비싸다는 것. 그래서 한국 통신 회사들은 인터넷만을 사용하기 위한 데이터로밍 상품을 내놓고 있어 사용해 볼 만하다. 일주일 이내의 단기 여행이라면 데이터 로밍을 이용하는 것도 고려해 볼만하다.

- SKT로밍센터 www.sktroaming.com 현지에서 +82 2 6343 9000 (무료)
- KT로밍센터 roaming.olleh.com 현지에서 +82 2 2190 0901 (무료)
- LG로밍센터 lguroaming.uplus.co.kr 현지에서 +82 2 3416 7010 (무료)

현지 심카드 SIM Card

심카드란 가입자 식별 모듈 카드를 말하며, 흔히 우리가 부르는 유심USIM은 심카드에 다른 부가 기능을 더한 것이다. 카자흐스탄을 일정 기간 이상 다녀올 생각이라면 현지 통신 사업자가 판매하는 심카드 구입을 고려해 보자. 현지에 도착해 국내에서 사용하던 심카드를 빼내고, 그 자리에 해외 심카드를 꼽은 후 간단한 개통 절차를 거치면 된다. 요금제와 사용 기간, 음성과 데이터 양에 따라 심카드의 가격이 달라진다. 단, 현지 심카드를 이용하면 한국 전화번호가 아닌 현지 전화번호를 따로 발급받는 것임을 기억하자.

심카드 구입

카자흐스탄에서는 비교적 쉽게 심카드를 구매할 수 있다. 대표적인 통신사로는 여행객들은 물론 현지인들이 가장 선호하는 Beeline을 비롯해 Kcell, Tele2 등이 있다. 알마티 공항으로 도착 시 입국장 1층에는 환전소 옆에 있는 매장을 쉽게 찾을 수 있다. 시내 곳곳에도 심카드를 구매할 수 있는 곳들이 많으나 되도록이면 해당 매장에서 하는 것이 좋다. 요금제도 다양해 선택의 폭이 넓을 뿐 아니라 심카드 교체 후 세팅 등의 문제가 있을 때 직원의 도움을 받을 수 있기 때문이다. 교체 후에는 그 자리에서 인터넷이 활성화되는지 확인 후 이동하자. 일정 기간 사용하고 잔액(발란스)을 확인 후 부족 시에는 필요한 금액만 충전도 가능하다. 충전은 매장뿐만 아니라 지하철역 또는 길거리에 있는 충전 기계를 이용할 수 있어 편리하다.

심카드 충전하기

통신사 상관없이 심카드 잔액을 충전할 수 있는 충전용 기계들이 곳곳에 있어 구매했던 통신사 매장을 가지 않더라도 쉽게 충전할 수 있어 편리하다.

① 충전용 기계 오른쪽 위에서 언어 선택
② 해당 통신사 로고 선택
③ 자신의 휴대전화 번호 입력
④ 원하는 만큼의 동전 또는 지폐 투입

전화 이용 방법

현지에서 자신의 스마트폰으로 전화를 이용해야 할 때가 있다. 현지에서 예약할 때 사용하거나, 한국의 지인에게 음성으로 안부를 전할 때도 통화를 한다. 현지 심카드를 구입한다면 선택하는 요금제에 따라 다르겠지만 일정 시간의 국제전화를 무료로 사용할 수 있는 상품도 있다. 그러나 전화하는 방법을 몰라 이용하지 못한다면 무용지물. 간단하게 알아두면 좋은 음성전화 사용법을 알아보자.

한국으로 전화거는 방법
국가별 국제전화 접속번호+우리나라 국제번호 82+지역번호(앞 0 빼고)+전화번호
예 : 한국 핸드폰으로 전화 걸 때 00-82-10-1234-5678

Departure

🔍 출국하기

이제 드디어 출국한다. 인천국제공항에서 출발해 도착하기까지
7시간 이상을 공항과 비행기 안에서 보내야 한다. 출국과 환승, 입국 수속 등의 사항들이
앞으로 펼쳐질 상황이다. 사실 크게 어려운 일은 아니다. 하지만 해외로 처음 떠나는 사람이라면 꼼꼼히 살펴보고,
여행의 시작에서부터 실수하는 일을 사전에 방지해 기분 좋은 여행을 시작하자.
특히 자신이 이용하는 공항 터미널 정보를 사전에 잘 확인하도록 하자.

인천국제공항 가는 길

철도로 인천국제공항 가기

공항철도 A'REX

공항철도는 서울역과 인천국제공항역 간을 연결하는 철도를 말한다. 서울역에서 인천국제공항역 간 거리는 약 58km 이며 무정차(논스톱)로 운행하는 직통열차는 인천공항1터미널까지 43분 그리고 인천공항2터미널까지는 51분이 소요된다. 요금은 13,000원이다. 일반 열차는 8개 환승역을 통해 수도권 도시철도와 편리하게 연계되어 있으며 서울역 출발 기준 인천공항1터미널까지 약 1시간 그리고 인천공항2터미널까지는 1터미널보다 7분가량 더 소요된다. 소요 시간은 열차 순수 운행 시간으로 공항 이용객이라면 탑승수속 시간을 고려해 공항철도를 이용해야 한다.

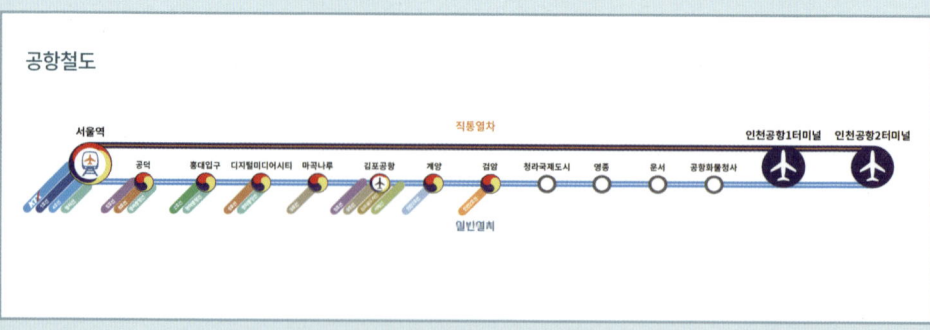

버스로 인천국제공항 가기

인천국제공항을 이용하는 여행자들이 가장 많이 이용하는 교통수단은 버스이다. 김포공항, 삼성동 도심공항터미널, 강남 버스터미널을 비롯해 서울 시내에서만 35개의 노선이 인천국제공항으로 연결되어 있다. 경기도와 인천 노선을 비롯해 전국 주요 도시에서 50여 개의 직행 노선이 운행되고 있어 편리하게 이동할 수 있다. 한편 일반 공항 리무진의 경우 인천국제공항 1터미널 도착 후 2터미널로 이동하며, KAL 리무진의 경우 출발지 → 2터미널 → 1터미널 순서로 이동한다. 공항 버스 도착은 1터미널 3층 출국장, 2터미널 B1 버스 터미널이다.

승용차로 인천국제공항 가기

차량을 이용해 인천국제공항이 있는 영종도로 들어가는 길은 영종대교와 인천대교 두 가지가 있다. 영종대교로 이어져 있는 공항 고속도로는 올림픽대로나 강변북로를 달려 방화대교 남·북단에서 진입할 수 있다. 이 길은 김포공항 IC에서도 진입할 수 있으며 외곽순환 도로와 노오지 JCT에서 만난다. 한편, 공항으로 연결되는 또 다른 도로인 인천대교는 길이가 18.4km로 국내에서 가장 긴 다리이며 세계에서 5번째로 긴 사장교이다. 이 도로는 제2, 제3 경인고속도로와 직접 연결되어 있어 경기도 남부 지역이나 지방에서 경부, 영동, 서해안 고속도로를 통해 이동하는 경우 빠르게 인천국제공항까지 갈 수 있다. 한편 인천국제공항 제2 터미널로 이동하는 경우 영종대로 방면 공항입구 JCT에서 분기, 인천대교 방면 공항신도시 JCT에서 분기해 이동하면 된다.

인천국제공항 고속도로 요금

구분	경차	소형	중형	대형
인천공항 영업소	1,600원	3,200원	5,500원	7,100원
북인천 영업소	950원	1,900원	3,200원	4,200원

인천대교 통행 요금

차종	경차	소형	중형	대형
요금	2,750원	5,500원	9,400원	12,200원

인천국제공항 한눈에 보기

터미널 별 이용 항공사
❶ T1(제1 터미널)
아시아나항공과 대부분의 외국 국적 항공사
(제2 터미널을 이용하는 일부 외항사 제외)
❷ T2(제2 터미널)
대한항공, 에어프랑스, KLM 네덜란드항공, 델타항공

터미널 간 이동 방법
두 터미널 사이는 무료 순환버스를 이용해 이동할 수 있다.
T1 → T2 : 3층 중앙 8번 출구에서 승차,
약 15분 소요(5분 간격 운행)
T2 → T1 : 3층 4, 5번 출구 사이에서 승차,
약 18분 소요(5분 간격 운행)

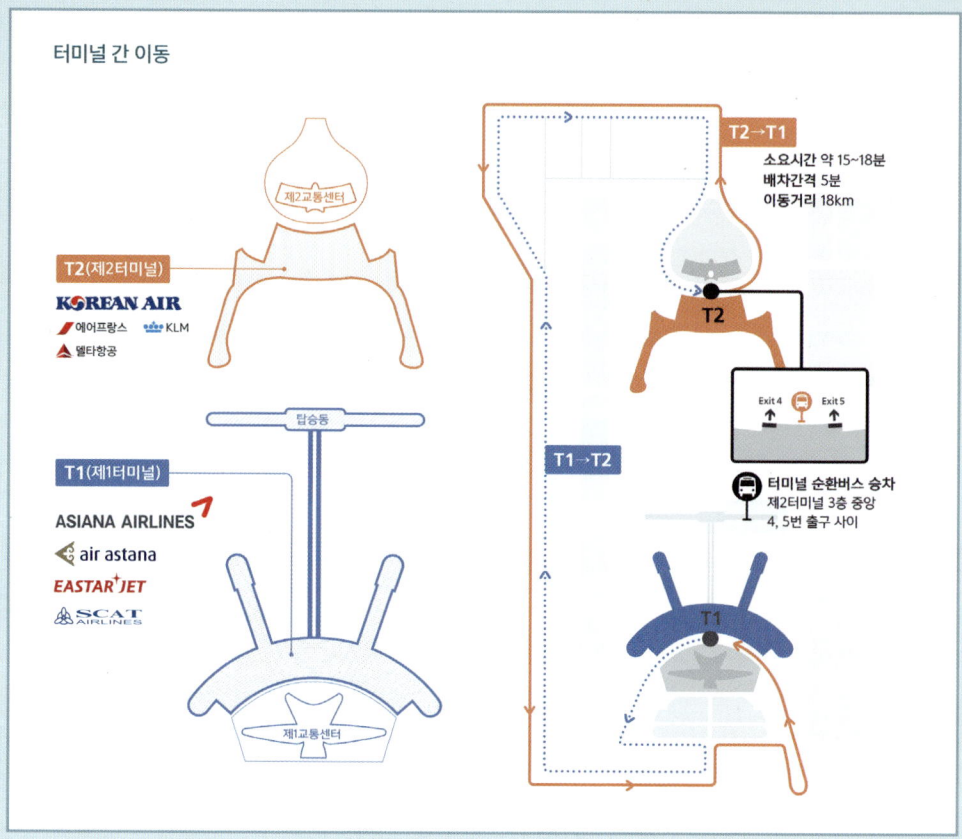

도심공항에서 출입국 수속하기

한국도심공항 www.calt.co.kr
한국도심공항은 서울 삼성동 무역센터에 있다. 도심에서 출입국 수속을 모두 처리하고 간편히 몸만 공항으로 이동해 비행에 바로 탑승할 수 있는 서비스를 제공하고 있다. 자신이 이용하려는 항공사가 입주해 있다면, 이곳의 항공사 데스크에서 체크인, 좌석 지정, 수하물 탁송까지 마칠 수 있다. 2층에는 법무부 출국심사 카운터가 있어 출국심사를 곧장 진행할 수 있다. 출국심사를 마치면 매표소에서 리무진버스의 티켓을 구입하고 인천국제공항으로 떠나면 된다. 인천국제공항에 도착하면 전용 출국 통로를 통해 곧장 출국장에서 항공기 탑승동으로 이동할 수 있다.

서울역 도심공항터미널 www.arex.or.kr
서울역에도 도심공항이 있다. 공식 명칭은 서울역 도심공항터미널이다. 공항철도 서울역 지하 2층에 있으며 탑승 수속, 수하물 탁송, 당일 출국심사를 진행한다. 단, 공항철도 직통 열차 이용객에게만 한정하며, 승차권 구입 후 도심공항 터미널을 이용할 수 있다는 점도 알아두자.
또한, 수하물 탁송은 항공기 출발 3시간 전에 수속이 마감되며 출국심사 가능 시간도 미리 확인하고 이용해야 한다.

항공사 체크인

체크인 Check-In은 항공사 카운터에서 여권과 비자 여부를 확인, 좌석을 배정하고 수하물을 위탁한 후 보딩패스를 발급하는 데 그 목적이 있다. 간단하게 이해하면 E-Ticket으로 갖고 있던 항공기 티켓을 실물로 받고, 나의 여행 가방을 비행기 짐칸에 위탁하는 단계를 일컬어 체크인이라 이해하자.

간단하게 보는 체크인 절차 4단계

단계	내용
항공사 카운터에 여권 제출	자신이 탑승할 항공사의 카운터로 이동해 줄을 서 차례를 기다린다. 자신의 순서가 오면 데스크에 여권을 제출, 항공사 직원이 여권 유효 기간과 예약 사항을 확인한다.

좌석 배정	통로나 창문 쪽 등의 희망 좌석을 직원에게 말해도 된다. 동행이 있는 경우 함께 앉을 수 있도록 요청하자. 좌석이 없는 부득이한 경우가 아니라면 대부분 함께 앉을 수 있도록 좌석을 배정해 준다.

수하물 위탁	수하물은 항공사마다 무게와 부피 기준이 다르므로 짐을 꾸릴 때 미리 확인해 두자. 일반적으로 23kg 이내 1개까지의 위탁 수하물을 무료로 받아준다. 기내 반입 수하물은 보통 10kg 이내이며, 일정 부피 이상은 기내 반입이 제한되어 위탁 수하물로 보내야 한다.

보딩패스와 짐택 수령	수하물을 붙이고 나면 실물 항공기 티켓인 보딩패스Boarding Pass와 위탁 수하물을 부쳤다는 표시의 수하물꼬리표 Baggage Tag을 받는다. 이 두 개를 항상 모두 잘 챙겨야 한다.

수하물꼬리표 Baggage Tag이란

흔히 영문 표기를 그대로 발음해 '배기지택'이라고 부르거나 수하물택이라 말하기도 한다. 수하물에 스티커를 붙여 소유자를 확인하는데 목적이 있다. 이 꼬리표가 있어야 수하물 컨베이어 벨트에서 해당가방의 목적지를 자동으로 인식해 출발하는 항공기로 보내진다. 여기서 한 가지 팁. 입국 공항에 도착해 짐을 찾을 때 가방에 리본이나 스티커 등으로 자신만의 표식을 붙여 놓는다면 유사한 가방 속에서도 한결 쉽게 알아볼 수 있다. 한편 짐을 위탁 후 받은 수하물꼬리표는 수하물 분실 시 위치를 추적하는 단서가 되므로 절대 잊어버리지말자. 목적지에 도착해 짐을 다시 찾을 때까지 잘 보관하자.

웹·모바일 체크인

모든 항공사는 아니지만 다수의 항공사가 웹이나 모바일 체크인 서비스를 제공하고 있다. 물론 실물 보딩패스를 수령하거나 수하물 위탁은 해당 항공사의 카운터에서 진행해야 한다. 하지만 항공기 출발 전 특정 시간부터 직접 웹체크인을 통해 미리 원하는 좌석을 지정할 수도 있어 편리하다.

보안 검색

보딩패스를 들고 출국 게이트를 통과해 가장 먼저 마주치는 광경은 보안 검색대이다. 너무 걱정할 필요는 없다. 명시하고 있는 금지 품목을 소지하지 않으면 그만이며, 항공기를 이용하는 모든 사람을 동등하게 검사해 항공기 안전 운행을 도모하려는 데 그 목적이 있다.

출국 시 신고 물품과 여행자 휴대품 면세 범위

입국 시 재반입할 귀중품 및 고가의 물품, US 1만 불을 초과하는 외화 또는 원화, 내국세 환급대상 Tax Refund 물품은 출국심사 전 세관에 신고를 해야 한다. 한편, 입국 시 여행자 휴대품 면세 범위는 1인 미화 800달러 이하의 물품과 이와는 별도로 주류(총용량 2리터 이하, 총금액 미화 400달러 이하), 담배 200개비(1보루), 향수 100㎖ 이하로 엄격하게 제한되고 있다. 면세범위를 넘는 물품은 반드시 여행자 휴대품 신고를 해야 하며, 자신하여 신고하면 20만 원 한도 내에서 30% 감면 혜택을 받을 수 있으나 신고하지 않고 적발되면 납부세액의 40% 가산세가 부과된다. 참고로 DSLR 카메라처럼 고가의 장비는 출국 전 미리 세관에 신고해야 재입국 시 문제가 없다. 공항 세관에서 '휴대물품 반출신고 증명서'를 발급받고 출국하는 것이 번거로운 분쟁을 막는 방법이다.

종류	객실	위탁수하물	내용
인화성 물질	X	X	성냥, 라이터, 부탄가스, 인화성 액체, 알코올성 음료 등 (단, 휴대용 라이터는 1개에 한해 반입 가능)
창·도검류	X	O	과도, 커터칼, 맥가이버칼, 면도칼 등
호신용품·공구	X	O	전자충격기, 쌍절곤, 격투무기, 도끼, 망치, 드릴 등
스포츠용품	X	O	라켓류, 인라인스케이트, 등산용스틱, 스노우보드 등

액체 및 젤류 휴대 반입 제한

항공 보안 규정에 따라 모든 국제선 항공편에 대하여 1인 총량 1ℓ를 초과하는 액체, 젤류의 휴대 반입을 전면 금지하고 있어 탑승 수속 시 반드시 위탁 처리를 하도록 한다. 단 '용기 1개당 100㎖ 이하'의 액체, 젤류를 1ℓ까지 규격(약 20cm x 20cm)의 투명 지퍼락(Zipper-lock)에 보관하는 경우 기내 휴대가 가능하다. 하지만 비행 중 이용할 영유아의 음식류, 의사 처방전이 있는 의약품은 예외로 하고 있다. 액체류를 면세점에서 구입한 경우 당시 받은 영수증을 동봉 또는 부착하고 국제 표준 방식으로 제조된 훼손탐지기능봉투(STEB)에 포장된 경우 기내 반입이 가능하다.

출국 심사와 항공기 탑승

보안 검색대를 지나면 곧바로 출입국 심사대가 있으며 여권과 탑승권 Boarding Pass을 제시하면 간단한 확인 후 출국 도장을 찍어 준다. 그러니 이제는 자동출입국 심사로도 곧장 출국할 수 있게 되어 훨씬 편리해졌다. 또한, 출국 심사를 마치고 나면 면세 구역. 입국 시에는 인천국제공항 면세점을 이용할 수 없으므로 필요한 것들이 있으면 출국 시에 구입하자.

자동 출입국 심사 서비스

대한민국 국민의 경우 자동 출입국 심사 등록을 하면 여권 유효기간까지 자동 출입국 심사 서비스를 이용해 빠른 출국 심사를 받을 수 있다. 그러나 2017년 3월부터 사전 등록 절차가 폐지되면서 더욱 편리하게 서비스의 혜택을 누리게 되었다. 단, 만 7~18세, 이름 등의 인적사항이 바뀐 사람, 주민등록 발급 후 30년이 지난 사람은 여전히 사전 등록을 해야 이용할 수 있다.

Smart Entry Service 자동 게이트 이용 법

STEP 1.	여권 인적사항면을 여권 판독기 위에 올려 놓는다
STEP 2.	자동 게이트가 열리면 안쪽으로 들어간다
STEP 3.	손가락을 지문 인식기에 올려 놓는다
STEP 4.	안면 인식 카메라를 바라본다
STEP 5.	출구 게이트가 열리면 밖으로 나간다

항공기 탑승

인천국제공항 제1 터미널의 탑승구 GATE는 아시아나항공 등 국적기가 이용하는 1~50번 탑승구(여객 터미널 3층)와 외국계 항공사가 주로 이용하는 101~132번 탑승구(탑승동 3층)로 이루어져 있다. 여객 터미널은 출국 심사대와 곧바로 연결된 구역을 말하며, 탑승동 3층은 여객 터미널에서 셔틀 트레인(5분 간격 운행, 5분 소요)을 이용해 이동해야 한다. 제2 터미널은 230~270번 탑승구이며 끝부터 끝까지는 약 20분이 소요될 정도로 넓다. 항공기 출발 최소 40분 전까지는 본인의 탑승구로 이동해 대기하도록 하자. 모든 탑승동에 면세점, 라운지 등 편의시설이 있다.

면세점에서 쇼핑하기

인천국제공항의 면세점은 가죽제품, 화장품 등 제품별 전문 매장으로 꾸며져 있다. 면세점에서 쇼핑하면 그 물건을 여행 내내 들고 다니는 수고를 해야 한다. 꼭 필요한 물건만 구입하고 무게가 많이 나가는 물건은 사지 않는 것이 좋다. 최근에는 입국장에도 면세점이 오픈했다. 짐 찾는 곳과 같은 라인에 있으니 짐이 나오기 전까지 이용해 보는 것도 좋다. 담배를 제외한 술, 화장품, 패션잡화 중 일부 품목을 구입할 수있다.

내 여권에 출국 도장을 받고 싶어요

굳이 여권에 도장을 남기고 싶다면 일반 심사대에서 출국 심사를 받으면 된다. Smart Entry Service를 이용하면 출입국 심사인 도장은 생략이 원칙이다. 다만 심사인이 필요한 경우 출입국관리공무원에게 요청하여 날인을 받을 수 있다.

Entry

🔍 **입국 수속**

이제 입국 수속만 남았다. 지금부터가 진짜 여행의 시작이다. 그 첫 관문은 입국 심사. 심사라는 이름이 붙어 괜히 긴장할 수 있지만, 어찌 보면 외국인의 출입 허가를 확인하는 것은 당연한 것이므로 차분히 진행하면 된다. 산뜻한 여행 출발을 위해 입국 수속 절차와 관련해서 알아두어야 할 것을 살펴보자.

입국 수속 절차

최종 목적지에 도착하기 전 기내에서 방송을 통해 현지 시간과 날씨 등에 대한 간략한 안내를 받는다.

STEP 1.	이정표의 Arrival 또는 Exit 표시를 따라간다.
STEP 2.	Immigration 또는 Passport Control이라 쓰인 입국 심사대를 만난다.
STEP 3.	All other passports 쪽에서 대기한다.
STEP 4.	노란선 밖에서 대기하고 있다가 자신의 차례가 다가오면 입국 심사관이 앉아 있는 데스크로 이동한다.
STEP 5.	몇 마디 간단한 질문에 당황하지 말고 영어로 차분히 사실대로 대답한다.
STEP 6.	입국 심사대를 통과하면 수하물 수취대 Baggage Claim으로 이동한다.
STEP 7.	자신이 타고 온 항공기 편명을 모니터로 확인하고 벨트 위에서 짐을 찾는다.
STEP 8.	세관 심사대에서 신고할 것이 없다면 Noting to Declare 쪽으로 통과한다.
STEP 9.	모든 입국 절차가 완료되었다면, 환진, 심카드 구입 후 시내로 이동힌다.

입국 심사대에서

알마티 공항으로 입국 시 입국 심사대에서 질문을 하는 경우는 거의 없다. 하지만 만약을 대비해서 준비해 두는 것이 좋다. 만약 입국 심사관이 묻는다면 며칠 머무를 것인가? 이곳에 온 목적이 무엇이냐? 숙소는 어디냐? 다음 목적지는 어디냐? 정도이다. 본인의 전체적인 여행 일정 등에 대한 내용들을 미리 메모해 두거나 숙지해 두는 것이 좋다.

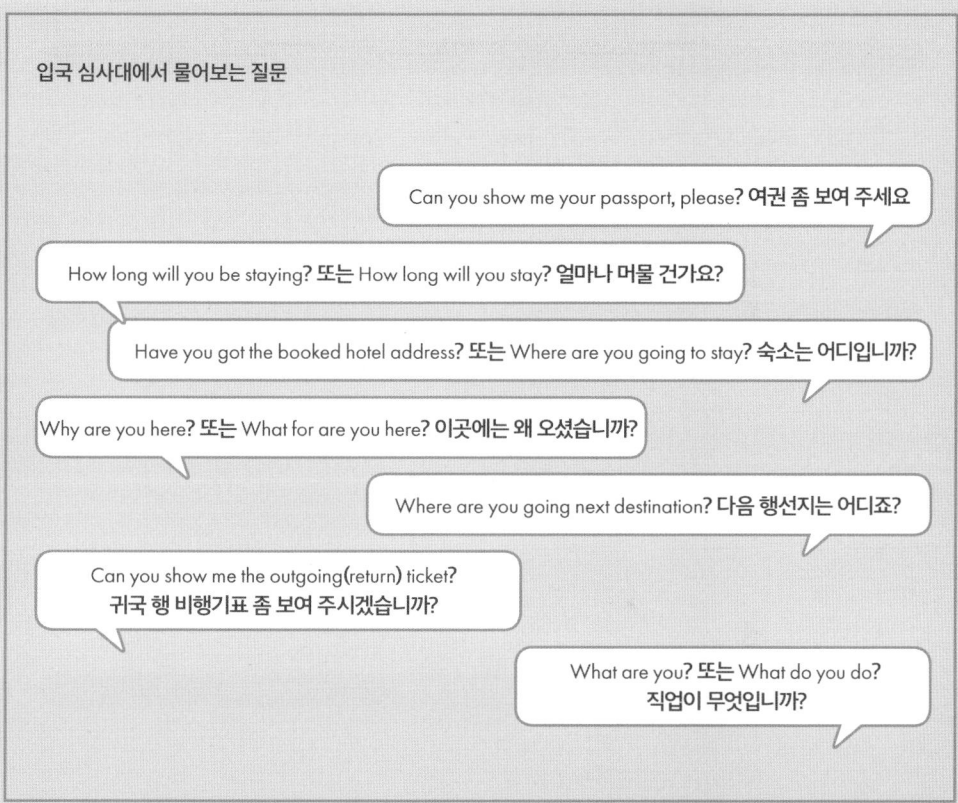

수하물이 도착하지 않았을 때 대처법

위탁 수하물이 도착하지 않았을 경우, 당황하지 말고 Baggage Claim Office 혹은 Lost Baggage 카운터로 찾아간다. 여권과 항공권, 그리고 짐표 Baggage Tag을 제시한 뒤 카운터에 비치된 신고서 양식에 영문으로 가방의 색과 크기, 짐표 번호, 묵을 숙소의 주소와 진화번호를 자세히 기입한다. 대부분 1~2일이면 찾을 수 있지만 더 오래 걸릴 수도 있으니 본인 일정표와 묵게 될 숙소의 연락처를 정확히 남기도록 하자. 짐을 찾았을 경우 내가 묵고 있는 숙소로 직접 배달해 준다. 간혹 첫 도착지에서 짐 배달이 늦어지는 경우에는 접수증에 적힌 공항 항공사에 전화를 걸어 다음 목적지에서 짐을 받을 수 있도록 조치를 취해야 한다. 한편 짐 도착이 늦어질 경우 항공사에서 정한 보상 기준에 따라 기본적인 생필품은 구입하여 사용한 뒤 보상을 받을 수 있다.

KAZAKHSTAN

🔍 **카자흐어 여행 회화**

사실 여행 중 카자흐어를 배워서 사용하기는 어려운 실정이다. 간단한 인사말 정도와 꼭 필요한 단어들만이라도 숙지하고 가는 것만으로도 많은 도움이 될 것이다.

숫자

1	Бір	비르	5	Бес	베스	9	Тоғыз	토구즈
2	Екі	예키	6	Алты	알트	10	Он	온
3	Үш	우쉬	7	Жеті	제티			
4	Төрт	퇴르트	8	Сегіз	세기즈			

요일

월요일	Дүйсенбі	뒤이센비
화요일	Сейсенбі	세이센비
수요일	Сәрсенбі	세르센비
목요일	Бейсенбі	베이센비
금요일	Жұма	주마
토요일	Сенбі	센비
일요일	Жексенбі	젝센비

기본 단어 및 회화

네	Иә	이야
아니오	Жоқ	조크
안녕하세요	Сәлеметсіз бе	살레메치즈 베
만나서 반갑습니다	Танысқаныма қуаныштымын	타니스카느마 쿠아느쉬트믄
감사합니다	Рахмет	라흐멧
실례합니다	Кешіріңіз	케쉬리니즈
미안합니다	Кешірім сұраймын	케쉬림 수라이믄
부탁합니다	Өтінемін	외티네믄
얼마에요?	Бұл қанша тұрады?	불 칸샤 투라드?

기본 단어 및 회화

한국어	카자흐어	발음
여기 어떻게 가나요?	Мына жерге қалай баруға болады?	므나 제르게 칼라이 바루가 볼라드?
나는 한국인 입니다	Мен кореймін	멘 코레이믄
맛있어요	Дәмді	담드
메뉴 추천해 주세요	Мәзірден тамақ ұсынуыңызды сұраймын	마지르덴 타마크 우스누으느즈드 수라이믄
식당	Мейрамхана	메이람하나
화장실	Әжетхана	아젯하나
공항	Әуежай	아웨자이
기차역	Теміржол вокзалы	테미르졸 복잘르
버스터미널	Автовокзал	압토복잘
버스 정류장	Автобус аялдамасы	압토부스 아얄다마쓰
시간표	Кесте	케스테
매표소	Касса	카싸
환전	Валютаны айырбастау	발류타느 아이르바스타우
영수증	Түбіртек	투비르텍
예약	Брондау	브론다우
호텔	Қонақ үй	코낙 위
출발 / 도착	Жүру / Келу	주루 / 켈루
냉장고	Тоңазытқыш	통아즈트크쉬
에어컨	Кондиционер	콘디쎄네르
난방(Heater)	Жылыту	질르투
세탁기	Кір жуғыш машина	키르 주그쉬 마쉬나
열쇠	Кілт	클트
아침식사	Таңғы ас	탕그 아쓰
점심식사	Түскі ас	투쓰크 아쓰
저녁식사	Кешкі ас	케쉬끼 아쓰
Open	Ашық	아쉭
Close	Жабық	자브크
슈퍼마켓	Супермаркет	수페르마르켓
시장	Базар	바자르

Travel KAZAKHSTAN
트래블 카자흐스탄

초판 1쇄 발행 2025년 11월 7일

지은이 | 서병용
펴낸이 | 서병용
디자인 | 그곳에(@gugossee)

펴낸곳 | 트래블북스
출판등록 | 2022년 1월 3일 제2003-000038호
주소 | 서울시 마포구 와우산로24길 23
전화 | 02-591-8595
팩스 | 050-4254-8595
이메일 | dongeurope@naver.com

ISBN 979-11-978378-6-9

정가 | 18,000원

이 책의 저작권은 트래블북스와 저자에게 있으며 <트래블 카자흐스탄>의
사진과 지도, 내용의 일부를 무단 복제하거나 인용해서 발췌하는 것을 금합니다.

부담없는 가격으로 안전하게 모시겠습니다.

이스타항공은 항공 여행의 대중화를 이끈
한국 대표 LCC 항공사입니다.

노선	편명	출발	도착	운항요일
서울/인천 ▸ 알마티	ZE135	19:30	22:45	월,금 (4/7~10/24)
알마티 ▸ 서울/인천	ZE136	23:45	09:50+1	월,금 (4/7~10/24)

1544-0080 | www.eastarjet.com

SCAT AIRLINES

서울 – 쉼켄트, 스캇항공과 함께

Route	Flight	Departure	Arrilval	Day
ICN-CIT	DV468	06:55	10:25	Tue, Fri
CIT-ICN	DV467	19:45	05:55+1	Mon, Thu

쉼켄트 환승으로 편리하게 이어지는 노선:

카자흐스탄 - 알마티 (ALA), 악타우 (SCO), 악토베 (AKX), 아스타나 (NQZ), 코크세타우 (KOV), 페트로파블롭스크 (PPK), 우스트카메노고르스크 (UKK)

유럽 - 부다페스트 (BUD), 뮌헨 (MUC), 모스크바 (VKO), 이스탄불 (IST)

편리한 일정, 최신 항공기, 쾌적한 서비스로 더욱 특별한 여행을 제공합니다!

+82-2-2135-2248
dv@dvkorea.net

카자흐스탄을 대표하는
전통 레스토랑!

특유의 환대 등 오랜 전통의 유용한 특성을 보여주며, 잊힌 레시피를 기반으로 한 전통 요리뿐만 아니라 역사적, 문화적 의미를 지닌 독특한 제품들이 전시되어 있어 외국인에게 인기 만점인 곳이다.

아스타나 Sarayshyq St. 34/3
알 마 티 Abylaikhan Ave. 55
심 켄 트 Tuke Khan Ave 170

홈페이지 sandyq.kz
연락처 +7 (701) 251 02 2